「十言神呪」開示百年記念

神界物語（五）

――「十言神呪」の世界――

石黒豊信

MP ミヤオビパブリッシング

はじめに

（二）正一位アキヒイラギノ命の明神さまのお言葉を巻頭にいただきます。令和四年十二月五日、二日遅れの「年大祭」において賜ったものです。最近の政治問題や『神界物語』上梓の効果などについて述べられました。

《アキヒイラギノ命》

正一位、アキヒイラギでございます。正一位アキヒイラギでございます。

また、今夕は、私のために嬉しいお祭りを頂戴《ちょうだい》いたしまして、いつも変わらぬ、お心の内を頂戴をいたしまして、有り難く、有り難く、御礼を申し上げます。

決着はついている

今、新型コロナの問題やら、ロシアのウクライナへ仕掛けた戦争のことなどがございますが、もうこれらのことの決着はほぼついているのでありますが、明年のこの卯の年、癸卯年《みずのとうのとし》は、これが[現状に]止《とど》まる年と相成りましょう。それはこのウ[卯]という、言霊の中に秘められておるわけでありまして、人間のこの飛び出さんとするときに、「ウ」っと、気合を入れるというのか、そのエネルギーを蓄電をし、次への飛躍の年へ、向かうわけであります。

そういうような、一年になってまいります。ですから、今のこの状態が、そのまま卯の年にゆき、ここに大きく戦況の変化の変わることはございません。

イナルモノの正体

ところで、この『神界物語』において、イナルモノの正体について少しずつおわかりになって来たと、思うのでありますが、この地球の、地球霊界における、神々の世界というものは、意外に統一の取れておるものではなくして、実に多様な動きをしておる世界であるということが、わかって来たと思うのでございます。本当にこの、地球の上の、人間の動きと呼応するように、応ずるように、この霊界の世界というものは、様々なものがあるのでございます。

この地球の上の人草の、この流れ以上のものがあって、それらを少しずつ、この現世《うつしよ》の世界を調和の取れた世界にすることによって、逆に、この神々の世界をも、秩序と調和と統一の取れたような、そういう世界にもってゆかねばならんのではないかと、そういうように、今あるのでございます。

『神界物語』の効果

そういう世界の動きの中で、そういう神界の動きの中において、今お話のありました、この『神界物語』の果たす役割というのは、まことに大きいものがあるのでございます。この『神界物語』が、最初に封を切られたとき、この「ナナヤの宮」にまつろわずに、好き勝手なことをしていた、そういう神々が、ようやくここに、これはただ事ではないと思って、気を引き締めておるということは、本当のことでございます。

「ナナヤの宮」にまつろわざる神々を、これを神々と言ってよいのかどうかは、わからないのでありますが、この「真澄《ますみ》哲学」の本旨から言えば、これはすでにありましたように、神々ではなくして、まさにイナルモノであるわけであります。そして、古くから生きておりますところの、いわば、明神でありまして、それらは大きい勢力を持つものです。まあ、一つの盗賊の親分といってもいいようなものでありまして、ですからある意味で、敬意を表して、大明神とでも、申すものでございましょうか。決して真澄神ではないのであります。

また、ほぼそれらの所にいますのは、多くの国津神の、その御子《みこ》たちもおいでになられるわけでありますす。これらは、まさに神々の御子であり、神々とも言えるものでありますけれども、まだまだ十分な力のあるものではございません。

現世の世界から幽世の世界に対して影響を与えておる

そういうわけで、この外国《とつくに》には、いろんな神々がおいでになるわけでありますが、この度のこのナナヤよりの『神界物語』というものが、大きい影響を与えておるわけであります。すなわち、この現世《うつしよ》の世界の中から、幽世《かくりよ》の世界の神々に対して影響を与えておるのであります。

このような影響のあり方というものも、またあるものでございまして、これは特に、特に天津神の影響の強いときでありますす。すなわち、ナナヤの大神様が顕國魂神《うつしくにたまのかみ》として、その天津神々の御依差《みよさ》しのままに、執り行われておられるからでございます。

こうして少しずつその、イナルところのもの、異《い》なるところのものというよりも異なるところの神々が、少しずつナナヤに靡《なび》いてくることに、なろうと思うのであります。

ナナヤの宮を抜け出る

そのような、このイナル神々が居られるわけでありますが、その大きい棟梁《とよりょう》であるが故に、ここに、ここに、出雲における神諮《かみはか》りにおきましては、禊《みそぎ》を執《と》りつつ、この「ナナヤの宮」に入るのであります。また、禊を執らずに入《はい》る、侵入するというわけではありませんけれども、入るそのイナル神々もおられるわけでありまして、これがまさに、ナナヤの秩序を乱すのでございます。

そうして、このナナヤを抜け出る者ができる、そういうようなことになるのであります。でなければ、ナナヤに入って生活をしておる者にとって、わざわざ可笑《おか》しな世界に行くこともないのでありますが、そういう自由奔放さに引かれて、ナナヤを抜け出る者もいるというのが、本筋でございます。

それらがこの『神界物語』の、第一巻や第二巻の中に、あるわけでありまして、そしてこれらが次第に、この中に出て来るようになろうと思います。

清浄な神々に引き入れていくのか

まことにそのようなイナルモノにつきましては、これをどのようにして、真澄神のような、清浄な神々に引き入れていくのか、イナル神々にその修行を、行《ぎょう》をしていただかねばならんのでありますが、まことに難しいものがあるわけであります。しかしどうしてもそれらを、丁寧にやっていただかねば、本当にこの地球の上に、まさに、秩序と調和と統一のとれた、いわゆる黄金世界というものは、訪れることがないのであります。

大きいことを計画しておることがある

今、ここに大きいことを、計画をしておることがあるのでありまして、それは恐らく明年から後《あと》に、現れてくることであろうと思うのでありますが、私から、ここで簡単に申し上げることはできませんけれども、大山祇《おおやまづみ》の大神様あるいは、タネオの命様よりそれらのことも、お伝えになられるときがあるのではないかと思っております。

この現世《うつしよ》の世界と同《おんなじ》ように、幽世の世界というものは、動くことのできない、動きの緩《ゆる》やかな世界でありまして、その緩やかな動きの中で、この地球の人草たちを動かしているわけであります。人草たちは、力があるが故に、非常に大きい動きをなすのでありますが、神々の世界にある幽世の世界は、そういう大きいエネルギーの許《もと》にはございませんが、ゆるゆると動きながら現世《うつしよ》に力を及ぼしてまいります。

そうしてこれから、そういうものが、地球環境の上に、また、この現世《うつしよ》への諮り事が、現世《うつしよ》の上に現れてくることと、思うのであります。

大きい影響を与えるのはナナヤに隣接をする多くの霊界の世界

そうして、ここに大きい影響を与えますのは、このナナヤに隣接をするところの、多くの霊界の世界であります。多くの明魂《あかるみたま》たちの、あるいは明神の、そういう御霊たちが作っておりますところの、様々な霊界であります。

そういう霊界のことを、できるだけ早く、貴照彦さんに伝えたいという思いがございます。そこのあたりの話が開いてくると、それが次の『神界物語』の本論へと入っていくわけであります。まことに面白い、そういう世界でありまして、これが開き、そして、現世《うつしよ》の御《おん》方々に伝わるようになりますと、そこでまた、このイナル神々の世界に、大きい影響を与えてまいります。

そうして、秩序と調和と統一のとれたような、何とか世界を導いてゆきたい。そのような思いをいたしておるのであります。

まことに多くの霊界があるわけでありまして、それらの多くは、明寶彦《あきみたからひこ》先生が遺《のこ》しておられる記録に、その霊界のお名前があるわけであります。一体それらの世界は、何をして、なぜそういう世界があるのか、まさに、百千《ももちよろず》の多くの世界がございます。早くそこの時点に、到達をさせねばならない。いよいよこれから、正念場に向って、突き進むことになるのでありまして、貴照彦石黒さんには、さらなる精進をお願いしたいと思うのでございます。

次の厳の神のお祭り

今日は少し簡単でありますが、それだけをお伝えし、そして、次の厳《いつ》の神様（守護神）のお祭りには、どうぞ、正一位、トキツハナノヰ明神のお言葉を、賜ってみてください。別の角度から、今私が、話しましたようなことを、お伝えをしてくださるはずでございます。

それが、本年のナナヤの会議において、ナナヤの会議の前において、大神様たちが、お集りになられ、協議をされたことでございます。それらの一端が聞けると思うのであります。お話をされると思います。

その奥の奥のことはまた、今申しましたように、大山祇の大神様また、タネオの大神様より、お伺いをしてください。

嬉しいお祭りを頂戴して、有り難く御礼を申し上げまして、引き上がることといたしますが、今、明寶彦先生がおいでになっておられますので、少しだけ交代をいたします。

（令和四年十二月五日）

続きまして、正一位明寶彦先生より、正一位真澄ホアミ姫命の年大祭は、住江大神の年大祭と一緒にお願いをします。本来は正月十五日ですが、年大祭を独立して執行するのは、節分祭などがあり大変ですからというお言葉がございました。

(二)本書【第五巻】は、【第四巻】より続きます。【巻十二】は十六節からになりますが、一からにしてあります。住江の大神様のお言葉に対して正一位の明神様たちからの二回の解説があります。

【巻十三】は熊野大権現からのお言葉に対して、同様に、正一位の明神様からの二回の解説があります。このところは、当洞に対して「紫法十法《しほうじっぽう》」や「護符《ごふ》」の謹製方法の伝授です。そのまま削除をしてもいいかとも思いましたが、具体的なことは削除をしながらもその香だけは残すようにしました。これから賜るお言葉に対して、その部分を削除したり、注釈が必要になると思われるからです。

この伝授に対して、使用のお許しを得る「印可《いんか》」のために、熊野大権現の許に参らねばなりませんでした。その際に、熊野本宮大社・旧社においてお言葉を賜りました。

そういうことでこの巻は当洞と熊野本宮大社・旧社でのお言葉とを合わせてあります。同じ熊野大権現からのお言葉であるからですが、それを前編、後編として分けてあります。

【巻十四】は、【巻十三】後編が終り、数日間の休息の後、神々や正一位の明神様からお言葉を数々賜りました。ここに九頭龍大権現のことがはっきりとして参りました。また、現世での神々のお困りの様子や、当洞に対しての祭祀の方法など、細かくお導きを賜ることができました。

(三)さきの拙著『十言神呪』は、「十言神呪」の二つの組立てについてそれぞれ独立して解説してあります。この『神界物語』は、さらに『十言神呪』の世界について解くことのできなかったところを深化させて詳細を補っています。また、「十言神呪」の二つの組立ては絡みあうものが多いのです。その部分について、点々としながらも、詳細に解いてあります。点々としているのは、人間の霊的構造を明らかにしなければならないからです。人間の内界と外界の両者は入り組んでいます。人間の霊的構造が理解できなければ、「十言神呪」の十個の観法の意味や、観法の極意は、深く進まないからです。

なお、『神界物語』の読み方については、【第四巻】において詳しく記してあります。ご参考にしていただければ嬉しく存じます。

令和五年十二月二十三日

石黒　豊信

目　次

はじめに 3

【巻十二】住江大神のお言葉と明神のご解説 27

一、大神様のお言葉 28

〈住江大神〉のお言葉／言霊の幸う国／一音の言霊は「質・形」／住吉の三柱の大神様の善言／「言霊の幸う国」を再興

二、言霊の重要性 31

〈アキヒイラギノ命〉のお言葉／ご神名の中に言霊が潜んでいる／言霊の学を再興して欲しい／神様と人間との間の距離を縮めたい／一音一音の解釈と発声／五十音図／言霊は神様とつながるもの／ご神前に『万葉集』を読む／外国の言葉がわかってくる／枕言葉も意味がある／「神様の道徳」を実行するところに「徳」／言霊は人間を修めるにも国を治めるにも大切

三、言霊と神呪と大祓詞 40
〈アキヒイラギノ命〉のお言葉／神　呪／己の体を蕩尽させてゆく／「十言の神呪・浦安の祷言」／神様からリアクションがある／色々な恵みを賜ることになる／「アジマリカン」／神呪の継続／「大祓詞」／「真言祝詞」／「十種神宝」

四、大神様のお言葉 51
〈住江大神〉のお言葉／人草の中の「言の葉」は大いなる観法／「言の葉」は簡略にして送る／送り方／言霊の雄走りの法

五、雄走りの法 53
〈トキツハナノヰノ命〉のお言葉／「雄走りの法」／神様が人間に雄走りを送るのと同じ方法／すでに人間の世界の中にあっていいもの／「いの段」を効果的に使う／相手の心を知るには／「厳の神」にお願いする方法も／「分身」を送ることもできる／瞬間移動

六、「願い事」と産土神社 60
〈トキツハナノヰノ命〉のお言葉／三次元空間においてできること／好き嫌いを伝える／神様に対するお願い／「善言」と氏神様／氏神様（産土の神様）は大事に／何故か同じ産土様に巡り合う／

八幡様の御許で動いている／産土様は己の顔であり魂／
玉串を捧げることと話は別

七、大神様のお言葉　69
〈住江大神〉のお言葉／言霊の響きはささやくが如くも宇宙に鳴り響く／
己の「体」は外界のすべて／現世を五感より眺めると人の本質を失う／
ビックバンで宇宙が誕生したがその先に霊体の世界／
言霊の響きは万物の覚醒に使われる／「大いなる我」

八、ビッグバンと生命の誕生、人間存在の意味と完成　73
〈アキヒトラノ命〉のお言葉／『古事記』冒頭の部分の話／
ビッグバンの前の世界は霊体の世界／イナルモノは必然的なもの／
ビッグバンが起きた／人間の誕生／生命の種は霊体から／
何故に人間を造ったのか／色々な神々から別れた霊体が鎮まる／
如何なる形において魂を清めることができるのか／
如何に多くの人と肉体を共有するか、人間の大きさを示す／
同時に、己の魂をどれだけ輝かすか

九、「外界」と「大いなる我」とハルミ　81
「大きい我」は実体として存在する／人と人、人と物との間を取り込む／
さらに大きい世界が存在／ハルミと肉体の存在する世界となる／

ハルミは「大いなる我」の中において生きる／
「十言神呪」は「大いなる我」の世界で解釈し直す／
「大いなる我」を悟ったとは／観法の成就とは

十、大神様のお言葉 88

〈住江大神〉のお言葉／計画は数百年にわたり世界の思想哲学の根底をなす／
仙　人／ハルミ／「玻婁彌」の額

十一、ハルミの働き、ハルミを造る理由 91

〈タケシツカサノ命〉のお言葉／ハルミとは／死後の姿／
ハルミは人間世界において人間と同じように動いている／ハルミの仕事／
守護神と共に動くことがある／「ハルミ神学」／
「玻婁彌神火祭」は「ハルミ人間」を造る／自動書記、発声現象／ハルミの学び／
門田博治を誕生させた理由／人間に対する憂慮

十二、ハルミの仕事、熊野大権現 101

ハルミは明神位に就くために／ハルミの食べ物／
正位の明神のもとに講義を受ける／法事など／
現世に生きている人間がハルミを出すことができる／
秘かに熊野大権現を祈らねばならない／
熊野大権現は人間の穢れを清浄に導き独り立ちをさせる

十三、大神様のお言葉　107
〈住江大神〉のお言葉／「十言神呪」第三・第四のこと／
「十言神呪」第三の裏・第四の裏は畏くも須佐之男命の御許に／
病などは熊野大権現に縋る／深き「紫の法」
十四、「十言神呪」哲学の広大さ、新しい『古事記』　109
〈アキヒイラギノ命〉のお言葉／住江の大神様の詔が終わった／
「十言神呪」哲学の広大さ／『神界物語』の驚き／
「肉の衣」は須佐之男命様の御手の中に／
すべての法則は住江の大神様から／大国主命と須佐之男命／
新しい『古事記』／変化・変質させる方法・法則が「ムユの法則」／次の「紫の法」
十五、産土大神、自然災害、『神界物語』の出版　115
産土大神／須佐之男命の許にある／新型コロナウイルスなど自然災害／
原因を外に求める／人間は己の外を見るのか内を見るのか／
『神界物語』は宣伝をしなくてもよい／世界の財産となる／
中品の「十言神呪」の解説を公に
【巻十三】熊野大権現のお言葉と明神のご解説　123
《前半》真澄洞　124

一、大神様のお言葉 124
〈須佐之男命〉のお言葉
二、奇すしき「玉手箱」 126
〈タネオノ命〉のお言葉
三、次への準備 127
〈トキツハナノヰノ命〉のお言葉／中品の「十言神呪」／
「十言神呪」は不思議な哲学／「紫法十法」／「ヒトマ」と「ミヨマ」／
「緑の法」と「紅の法」／「紫の法」「白の法」「黒の法」／深い「紫法十法」／
フッキラのお守り／節分祭の『祓符』／御霊の救済が急がれる
四、大神様のお言葉 134
〈須佐之男命〉のお言葉
五、「フタマ」「イツマ」 136
〈フッキラノ命〉のお言葉／「紫法十法」／「フタマ」「イツマ」／
「紫」は清浄にする
六、「神籠石」 137
祓いの青／「鎮め物」の造作／「鎮め物」の音
七、幽界冥界に入る方法 139

〈須佐之男命〉のお言葉／幽界冥界に入る法／冥界の扉を開ける／
「弥増」の紫の言霊
八、「紅の法」と「緑の法」 142
〈フッキラノ命〉のお言葉／「紅の法」／「緑の法」
九、「経津玄符」と「綺羅玄符」 143
〈フッキラノ命〉のお言葉／「黒の法」／「経津玄符」と「綺羅玄符」
《後半》熊野本宮大社・旧社 146
〈明寶彦命〉のお言葉
十、謹製の印可 147
〈フッキラノ命〉の言葉／謹製の印可／今回の行について
十一、大神様のお言葉 150
〈熊野大権現〉のお言葉／このままでは地球を失う／
上津彼方の大詔を賜り大いなる神諮り／「不老寿の体」／
熊野本宮のもと神々の数を知らず吾が詔をなべて聞きてある
十二、裏の「三字観法」 153
〈フッキラノ命〉のお言葉／伝授は奇すしき宮居において／白色から緑色へ／
裏の「三字観法」

十三、大神様のお言葉 155
〈熊野大権現〉のお言葉／「ナナヤの宮」に入る印可を与える／刀印の作法／最後の印可／〈フッキラノ命〉のお言葉／大斎原に鎮まる神々が集っている

十四、大神様のお言葉 158
〈熊野大権現〉のお言葉／関門を抜けた／「八咫の鏡」／「不老寿の観法」／神の郷里は己が心の中に／イナル神々の網の手を破る／〈多紀理姫命〉のお言葉／天御統之剣／霊眼の中に観る

十五、大神様のお言葉 162
〈熊野大権現〉のお言葉／反面教師の悲しさ／『神界物語』の中に草ぐさの人の生き様を記す／一つひとつについて御名をあげて記す／「赤き法」／その者の御名を問う／新しい時代に向けての「霊界物語」

十六、大神様のお言葉 167
〈瓊瓊杵命〉のお言葉／幽界冥界に沈みし御霊／新しい「幽界物語」／明年の春の行は中品の「十言神呪」／上品の「十言神呪」／「ナナヤの宮」との通信

十七、大神様のお言葉 170
〈大国主命〉のお言葉／「ナナヤの宮」に入るは自在なり／〈瓊瓊杵命〉のお言葉

十八、大神様のお言葉 171
〈熊野大権現〉のお言葉／印可は続く／国津神々の世界、天津神々の世界に入る印可／星々の世界に入る印可／これで拒む霊界はない／「東京オリンピック」の悲しき／行が終わり言祝ぎの善言奉る／〈一遍上人〉のお言葉／熊野霊界にある龍神・明神たち／この時を待ち望んでいた／一遍上人の喜びの善言

【巻十四】須佐之男命と幽界の世界 177

はじめに 178
〈タネオノ命〉のお言葉／奇しびの法の扉を開る

一、槵触の大仙人のお言葉 179
〈タネオノ命〉のお言葉／熊野大権現の御詔の数々に驚き／〈槵触の大仙人〉のお言葉／日本の一番最初の古い神界／霊界は熊野霊界から別れている／熊野大権現が支配をされる霊界／肉体世界は行を積むのによい世界／地獄の火／「道の道」に照らし合わせる／文化文明を平等に行き渡らせよう／地球の上に秩序と調和と統一の世界

二、三字観法 186
〈フッキラノ命〉のお言葉／イナルモノに用心／三字観法／色の言霊／守護神

三、不老寿　191
〈フッキラノ命〉のお言葉／蓬莱山を探し／資格のできた者に対して伝授／「不老寿の命」を賜る／肉体は全大宇宙と本質において同一／真澄神に向上するための第一歩／人間とは何かどのような存在かを知る／裏の観法とは
四、言　霊　197
〈フッキラノ命〉のお言葉／言　霊／「道」／すべての中に道を見るのが言霊／音　楽／『神界物語』が言霊の世界から入った理由／言霊の響きの違いによって幽界・冥界を区切っている／因縁を落とすに相応しいものを与えながら育てている／「色」についての言霊／左右の手を使う／作り方／ミドリの言霊／言霊を吸い込む／何かを欲するような時に使う
五、印の願事は速やかに届く　206
〈フッキラノ命〉のお言葉／断食は霊体の動きを止める／人間の世界において使用されているものは／印の願文は速やかに神界に届く／行　法／観　法
六、地球の上の道行がかかる　210
〈タネオノ命〉のお言葉／少し乱れているが心配なく

七、令和の時代の予見 211
〈フッキラノ命〉のお言葉／令和の最初の五年間／御霊たちの一時解放と紛争／
地球上から人類が消え失せてしまう／真の外界を観るための道具は理性／
旧来の宗教に限界が来ている／現世の必要性／宗教者・哲学者の誕生／
熊野大権現の御心

八、宗教改革 217
〈フッキラノ命〉のお言葉／災害が頻繁に起きるようになる／
令和十年頃のこと／人類最大の問題は宗教改革／多神教が起きてくる／
既得権利の壊滅／新しい「紫法十法」の真の意味／人類の先を予見する人・学者

九、熊野大権現よりの印可 223
〈タネオノ命〉のお言葉／熊野大権現よりの草ぐさの「印可」／先師のこと／
眼の開くこと／八幡霊界はまことに広い／みずからの力で変えてゆく

十、大神様のお言葉 228
〈田心姫命〉のお言葉／天照大御神朝廷の御喜び／
人草は神々の僕を忘れだした／「竹の園生」に仕える賢き者／人草たちの上にも

十一、霊界と現界 231
〈フッキラノ命〉のお言葉／霊界と現界とはいわば地続き／

霊界からの言霊、行き来する術／祝　詞／
「祝詞」を霊界よりいただいて来て欲しい／織物のことまた模様のこと／
多様性とは／グレーゾーンは本来において存在しない／「五大神社」の創立

十二、霊界からの「玉手箱」 238

〈フッキラノ命〉のお言葉／「郷に入れば郷に従え」／
幽界・冥界においても存在する／自然界を見て欲しい／
時代時代により言葉は異なる／生　業／どのような宗教を信じているか

十三、大神様のお言葉 243

〈九頭龍大権現〉のお言葉／九頭龍大権現は須佐之男命の仮の姿／
熊野大権現と共にある／イナル凮は吾れらが上よりの凮／
「肉の衣」を和らげるべし

十四、熊野大権現と九頭龍大権現 246

〈フッキラノ命〉お言葉／九頭龍大権現としてご出現されることはない／
九頭龍大権現と熊野大権現は須佐之男命の二つのお顔／
九頭龍大権現は仏の道において多くご出現／住江大神と熊野大権現／
国々における信仰の形／八幡霊界へ吸収されてゆく／
死して後に初めて仏様に会う／閻魔大王は九頭龍大権現の仮りのお姿

十五、仏教と神道 253
〈フッキラノ命〉のお言葉／九頭龍大権現の正体／
壁を何とか取り外してもう少し共通的にしては／生まれ変わりが遅くなる／
まず祖師たちを救い上げ／仏教霊界の改革／
本来において仏様の本体は神である／「ナナヤの宮」における覚悟
十六、大神様のお言葉 260
〈大山祇命〉のお言葉／現世は険しきことが数々に起きる／トウミラの時／
「竹の園生」を護る
十七、霊界に入る 263
〈タネオノ命〉のお言葉／「竹の園生」に／ハルミの世界／
「紫のスメラミコト」の誕生のとき／両大権現の霊界へ入る刀印／
外国における霊界に入る／身体を若返らすこと
十八、民主主義と独裁主義 268
〈タネオノ命〉のお言葉／大きい人草の交替がある／
御霊を交替させる心／宇宙の定めであって因果応報と捉えるは誤り／
民主主義と独裁主義／鎮魂より他にない／
日本の上の政治の上にも大きな変化／真澄洞

十九、大神様のお言葉 272
〈大国主命〉のお言葉／「ナナヤの宮」のために尽くせ／〈タネオノ命〉のお言葉
二十、大神様のお言葉 273
〈住江大神〉のお言葉／行の成就を言祝ぐ／中品の「十言神呪」／言霊の神／
〈タネオノ命〉のお言葉
二十一、大神様のお言葉 276
〈熊野大権現〉のお言葉／本性の現れ
あとがき 278

令和三年三月二十七日　四月一日から四月十三日

【巻十二】住江大神のお言葉と明神のご解説

一、大神様のお言葉

〈住江大神〉のお言葉

吾れは住江大神《すみのえのおおかみ》なり。吾れは住江大神なり。

汝貴照彦《たかてるひこ》、これ「十言神呪」のこと、吾れおおむねに語りてあれば、これ奉答［すべき］のことも伝へたりや。

言霊の幸う国

吾れここに、新たなる道行《みちゆき》を示すなり。

汝これが［日の本］、スメラミコト［の］、言霊《ことたま》の幸《さきは》う国として、立ち栄へて来たるなり。言霊の幸う国とは、なべて人と神との間《あいだ》を結ばんず、その結びの電波の如く、あるいは結びの糸の如く、己が「願《ね》ぎ事《ごと》」に対して、その糸［を］結び付けんずことにあるなり。さればこれ、言霊もちて己が「願ぎ事」を成就すとあるなり。

されどこれ、言霊の響きは、［良き］人あるいは物を引き寄せるのみにあらずして、悪しき「言の葉」のあるとき、そこに異《い》なるもの、［すなわち悪しきこと］生まるるなり。これ悪しき言霊を発することあらずやと、伝へんずなり。

汝、言の葉のこと、すでにタネオの命より草ぐさに学びてあらんず。［日の本は］まことに言霊に幸う国とあらんずも、その言霊の深き理《ことわり》を知ることあらず。これ実《げ》に、日の本におけるまことに悲し「きことにして」、吾れら「が」恨みとすところなり。

汝、これが言霊の幸う国とありし日の本「に」あらば、言霊のこと限りなく突き進め、その原理を伝へる「なり」や。

二音の言霊は「質・形」

まさに言霊とは、難《がた》きことならんず。吾が住江大神を呼びまつるは、スミノエノオオカミと、一度《ひとたび》の呼びごとにては言霊にあらずや。吾れに届くことなしや。すなわち、吾が言霊の数《かず》九つにして、住江大神の言の葉九つに至りて、その言の葉の「吾が許に」届かんずや。かくの如くに言の葉の法《のり》のあり。

これ、すなわち、さらに日の本における、言の葉の生まれしは、これ、「あめ」とあらば、上の「あ」、下の「め」、それぞれにその言の葉の働きに違いのあるは、すでに知るところなり。すなわち、質と形なり。――上の質、下の形――これ、言の葉の成り立ちの始めなり。

されどもこの言の葉、さらにその源《みなもと》ゆくとき、「あ　－《水平》」、「あ　↘《下がる》」、「あ　↗《上がる》」、かくの如くに、その一音におきて、その言《こと》の心を運ばんずや。

汝これが言の葉は、これ、一音におきて「澄み切り」にありて、その伝達の、素早く、速やかに届くなり。されども、二音、三音とならば、ここにその音の響き、いわゆる波形の複雑にあれば、言霊の「澄み切り」に届くことなし。――一音であれば一度、二音ならば二度繰返す必要がある。九音であれば九度繰返すということか――

住吉の三柱の大神様の善言

言の葉は「澄み切り」のとき、速やかに、素早く伝わるなり。吾が住江大神、その御名を運べば、ス↗↘《上がって下がる》ウ―、ス↗↘ウ―、汝、これ吾が住江［大神］なり。吾が住吉の里、中筒男《なかつつのお》の神、ス→《水》→《平》ウ―、ス→ →ウ―。上筒男《うわつつのお》の神、ス↘↗《下がって上がる》ウ―、ス↘ ↗ウ―。かくの如くなり。これ、一音おきて、その変化をもたらして、これ伝えるなり。

汝、今し人間世界にあらんず言霊は、すでにその実《じつ》の無く、まさに空理空論なり。実《じつ》の言霊、これ学ぶべしや。さればこれ、言霊の世界のまことに麗しくあるなり。これそのこと、この時代の世相に映りてあるなり。

これ、古きが程に「うた」――神楽歌《かぐらうた》、和歌などのことか――のあり。またここに、芸能のことあり、能に狂言に、さらに、歌舞のあり。しかして、これ人草の心癒す、流行歌のあり。まことに、まことにその動きの速き、流行歌のあり。言霊の響きの、次第にゆるやかより慌ただしくなる様《さま》をみるべし。

言霊は、本来におきてまことに単純なり。されども、外国《とつくに》よりの学びの道の入《い》りてより、新たなる言霊の拡がり、［また］ここに『古事記《ふるきふみ》』などもかく［のごとく］して作られたり。これ、あるいは悲しとも思わんずかな。

「言霊の幸う国」を再興

汝貴照彦、日の本における「言霊の幸う国」、これ再興すべしや。これ新たに、その根源を抉《えぐ》り出しては、新たなる、新たなること導き出せや。

これ、言霊の幸う国となりて、その国の治まるなり。秩序と統一のとれたる世界、国となるなり。神々の言の葉の響き易《やす》くなるなり。神々の言霊の響きの要《い》らざるは、すなわち、神々との縁切れたる者ならんずや。神々の言霊の入《はい》らんずの人草を造るべし。

吾れいよよ、これが言霊のこと伝へんずや。

汝さらに、さらにこのこと、学ぶべしや。［終］

二、言霊の重要性

〈アキヒイラギノ命〉のお言葉

正一位、アキヒイラギでございます。正一位、アキヒイラギでございます。

ご神名の中に言霊が潜んでいる

「十言神呪」の組立てから一変して言霊の話になりましたが、この言霊というのは、まことに難しい話でございます。神道を学ぶ方々の中には、必ずといっていいほど言霊の話がついてまわります。それはどうしてかと申しますと、神々のお名前の中にその言霊が潜んでおるからでございます。言霊でもって、神々のお名前の中から、その神様のお働きを紐解こうというわけでございます。そういう意味で、この神道、神事《かみごと》を習う方々の中には必ずといっていいほど、この言霊の話が出てくるわけでございます。

言霊というのはそういう意味で、物事を理解するための道具として使われておることが多くございます。ご存知の松下井知夫先生のように、五十音図の言霊の一つひとつにその意味があり、その意味の結びつきでもって言葉の意味を考える言霊もございます。すなわち、五十音図の一つひとつに意味を籠《こ》める、それから、その働きを考え、神様のお名前に向かい一つひとつの解読にあたる、そのようにあるわけでございます。

その他にも話せばキリのないほど、まことに不思議の言霊を賜ったと、色々とございます。それらは、言霊の半面を捉えておるものでございますけれども、残念ながら、言霊のすべての「働き」を捉えているものではございません。言霊の「働き」を捉えることによって、本来の言霊というものが成り立つわけです。すなわち、言霊の幸《さきは》う国としての本当の「言霊の学」が、言霊の学問の学が成り立つわけでございます。

言霊の学を再興して欲しい

そこで今日は、住江大神様から、大変貴重なお話をいただいたわけでございますが、その言霊の働きに対して、日本は次第に、言霊が段々荒くなって来た。結局そのことにより、人間と神様との間《あいだ》の距離が遠くなってきたわけでございます。

その理由《わけ》は、神様からの言霊が届かなくなって来たのです。そのように、大神様が申されたわけでありまして、これが言霊の衰えた核心でございます。ですからそういう言霊の学を、これから再興して欲しい、そのようなことを望まれたわけでございます。まことに住江の大神様の、そのお嘆きの声が聞こえるようでございます。

我々人間は、物事を詳しく知ろうと思うことによって、言霊の数を増やして、一見すれば、それが理屈の通っておるように見えるのでございます。けれども、実はそうすることによって、神様との距離が、間《あいだ》が広がってきておる。そのことを、大変憂慮《ゆうりょ》されておられるわけでございます。

神様と人間との間の距離を縮めたい

これから、「十言神呪」という、大変荘厳な哲学を世に出そうとしておるのでございますけれども、それと同時に言霊というものを回復して、神様と人間との間《あいだ》の距離を縮めたい。そのようにされておるわけであります。

その理由は、何処にあるのかというと、「十言神呪」の中にあるわけでございます。すなわちそれは、人間の中にある「す」と、人間の外にある「す」とが、本来において響き合わなければならないわけであります。けれども、それが次第に響き合わなくなってきておる。

要するに神様が、次のお前の働きは「こう」なんだよという、指令を出すのでございますけれども、それが正しく伝わってゆかない。

それは、何故かといえば、平素からその言霊を使っていないから、身体《しんたい》に染み渡っている言霊と異なるわけであります。ですから、それがうまく伝わらないわけです。本来、そういう言霊を学んでいるならば、神様の伝令というものは素直にその人間に届くのですけれども、それが届かないわけです。歪んで届いてしまう。届いているけれどもそれが、正確に理解することができない。正確だけではなくしてまったく理解できない。

そこに、神様にまつろう人間ではなくなって、まことに神様から遠く離れたところの人間に成り下がっているわけであります。ですから、そういう言霊が、理解できるような人たちの集まりになるならば、その世界は秩序と調和のとれた、統一のある世界が生まれるわけでございます。その意味において、何んとか、言霊というものをもう一度はっきりとさせ、人間の中に植え付けてゆきたい。そのように考えておられるわけでございます。

一音一音の解釈と発声

しかし、この一音一音を発声する以前に、これの解釈がまことに難しいわけであります。そしてこれを解釈しても、また、その発声の仕方によって解釈が違ってくるのであります。

言い換えれば、一つの音《おん》に対して、いろんな解釈がある。それが難しくしているわけでありま す。さらにその言霊の意味を伝えるための発声の仕方があるのです。これは先に、タネオの大神様より、お導きがあった通りであります。

なぜこの「十言神呪」の中に、言霊の問題が入ってくるのかということは、大変に重要な問題でございまして、これを分けて考えることはできないものでございます。

五十音図

天照大御神《あまてらすおほみかみ》の、この十個の音《おん》の中に、宇宙の神韻《しんいん》をすべて含めてあるということは、それぞれの音の中に、十個の音の一つひとつの音に対して、その働きがあるわけでございます。この働きを、先ほど申しましたように、色々な言霊でもって、その働きを解こうとするわけでありますけれども、これがなかなか正確にできない。

しかし、「十言神呪」の学問においては、言霊の許《もと》に神々を配し、そして、もっと深いふかい働きをそこにもたらしているのであります。ですから、この五十音図の中に、この天照大御神の十個の音を入れて解釈をされると、五十音図の一つひとつの音《おん》の意味が、明らかになってこようと思います。

これを既に、一昨年より指導をいただいておりますけれども、恐らくこの最終的な解決は、ナナヤに上がりまして、明日下《みょうにちさ》がられます正一位トキツハナノヰ明神、あるいは、別の言霊の神から、直接にお習いになることであろうと思います。

言霊は神様とつながるもの

この神々の世界の中におきましても、一つひとつの言霊の学びをするわけでございます。我々明神衆も、言霊の神より学び、そして使えるようにならねばならないわけでございます。そうしなければ、その「特定の」言霊しか使えない、お話にならない神様もおられるわけであります。その意味を理解することができないことは、正位の神としてまことに申しわけないことでございます。

ですから、この言霊というのはまことに重要な、重要な人間自身を修めるための道具であり、また、神様とつながるための道具、手段でもございます。それができれば、日本における、色々な言葉が理解できるようになってまいります。

ただここに、文法上のいわゆる「音便《おんびん》」という問題があり、そのことが少し日本語の中に変化をもたらしておるものもございます。けれども、おおむねに、そういうことで解き明かすことができます。

ご神前に『万葉集』を読む

ですから、まだかろうじて言霊の匂いを残しておりますものは、『万葉集』の歌であり、あるいは、『古事記』であり、『古今集』のような歌の中に残されておるものがございます。この歌を紐解けば、そこにおのずと言霊の力がございます。

前に、この『万葉集』をご神殿において奉読することによって、言霊の力が付くから読むようにと言われたのは、そういう意味があるからでもございます。そしてそれが、己の頭脳を柔らかくすることにもなるのでございます。

私は今からでも『万葉集』を少しずつ手にとって、声に出して読まれることをお勧めいたします。声に出すことです。声に出さなければ、その実《じつ》が伝わらない。また、歌を作ることもよろしいのでありますけれども、ぜひその、古き歌を読み解くことも、学びとして重要でございます。

これからの日の本を、言霊の幸《さきは》う国として、立ち栄えさせてゆきたいのです。

外国の言葉がわかってくる

そうすると、外国《とつくに》における言葉が、またわかってまいります。外国の言葉というのも、本来において同じように言霊から生まれたものであります。それが今申しましたように、言葉の数が多いということは、それだけ神様と離れた姿を示すものであるので、それらを正してゆくのです。そういうような言葉もあるのでございます。

この言葉は、そういう意味で、ラテン語やギリシャ語のような中にも言霊が残っております。一つのギリシャ語を習えば、ラテン語も楽になるように、言葉というものは互いに相似《あいに》たところがあるものでございます。最も後に生まれてきた英語のようなものは、ちょっとそういう意味で違ってまいります。また、イスラムの言葉もありますが、もっと古い言葉の中に、古語の中にそういう片鱗がございます。そういうような、言語の中の相似性《そうじ》を見ることによって、言霊の五十音図の一つひとつの音についても学ぶこともあると思います。

枕言葉も意味がある

神様のお働きを解釈することができますけれども、さらに、「み」というものは、それが尊敬をするための美称《びしょう》であるとか、あるいは次の言葉を引き出すための言葉であるとか、あるいは、言葉にかかる枕言葉であるなどとありますが、これもそういう意味ではなくして、本来の意味があるものでございます。そういうものをきちっと、解き明かすことによって、本来の美しい言葉、言語が成り立って来るのでございます。それが神々の世界の言葉でございます。

「神様の道徳」を実行するところに「徳」

人間は「神様の道徳」を実行するものでなければなりません。そのためには、神様の音《おん》を、発音を、言葉を、知ることが大事なのでございます。

己の発する言霊が、神々に響き、神々の発する響きが、己の御霊の中に入り込む。それによって、神様と人間との結びつきが正しくでき上がります。そうして、おのずと道を外すことのない、いわゆる則《のり》を超えないような人間になるわけでございます。道を外すことのない人間になります。

そうしてこそ、ここに、普遍の、不易の「徳《とく》」というもが生まれて来るわけであります。

まことに今、現実の人間世界は、どんどんどんどんと、その徳を失い、神様と離れておると、そのように言って、差し支えないわけでございます。

言霊は人間を修めるにも国を治めるにも大切

色んなことを申し上げましたけれども、言霊というのは、一人ひとりの人間を修めるためにも大切であり、国を治めるためにも大切であります。そして、徳を造るということにも大切であります。この徳というのは、その家々の上に被さってくるものでありますけれども、そのためにおいても大変重要なものであります。

どうかそういうことを考えて、言霊というものを学ばなければなりません。その理由を、しっかりと体《からだ》の中に入れておいていただきたい。そのように、まずもってお伝えをいたした次第であります。

引き続いて、私から伝えたいと思います。

三、言霊と神呪と大祓詞

〈アキヒイラギノ命〉のお言葉

正一位、アキヒイラギでございます。正一位、アキヒイラギでございます。

さて、早速に話を続けましょう。

神　呪

その言霊の意義についてては、だいぶ話をいたしましたが、ここでは神呪《かじり》ということについて、話しておきたいと思います。すなわち、同じ言葉を繰り返し唱えることです。

神呪というのは、呪文《じゅもん》のようなものと似ておりますけれども、神呪と神が付いているだけあって、もっと高貴なものでございます。そして、短い文言《もんごん》を何回も何回も唱えるわけでありまして、例えば、先日あったように「大祓詞《おおはらいのことば》」を何回も繰り返すわけであります。こういうことを執行することもあるわけでありますので、お伝えをしておくといいと思います。

この神呪を、単に繰り返すというだけではなくして、寝食を忘れて唱えるということもあります。そうして、己の体《からだ》、自分の体の感覚を次第に失わせていく、そのように唱えることもあるわけです。

一体、神呪というものの働きは何んであろうか。真澄洞では「十言の神呪、浦安の祷言《ねぎごと》」を三回唱えております。門田先生が、整えられたものです。この神呪というのは、要するに鉄砲のようなものでありまして、あるいは鉄砲というよりは機関銃のようなものであります。

一つの音《おん》で、一音《いちおん》を唱えれば、一発で言霊が飛ぶわけでありまして、二音を二回繰り返すとそれが飛んで行く。三音ならば三回で飛んで行く。それは鉄砲でありますけれども、これを繰り返すならば、機関銃になるわけです。しかもその機関銃の弾は同じ所に行くわけであります。同じ所に飛んで行くのであります。

己の体を蕩尽させてゆく

一体これは何であろうか。今申しましたように神呪というのは、寝食を忘れ唱えることにより、己の体を蕩尽《とうじん》させてゆく、無くしてゆく。そういうような効果をもつわけで、いわば一種の麻薬のような効果をもつわけであります。もちろん麻薬ではありませんよ。そういうような効果でもって、己を鎮《しず》めてゆくわけであります。

そういうような効果があるわけでありますが、その他《ほか》に、この言霊の文言《もんごん》の中に、そういうような効果が記してあるわけです。もちろん、効果は書いてありませんけれども、その言霊を解き明かすならば、どういう効果があるか理由《わけ》がわかります。

「十言の神呪・浦安の祷言」

「十言の神呪、浦安の祷言」の奉唱の中においては、天照大御神という言霊を十数回唱えるのでありあます。この天照大御神という言霊を十数回ではなくして百回も二百回も唱えるような行もあるのでございます。

まさに、十《とお》の言霊でもって、［言霊］が十ヶ所の所にそれぞれ弾丸のごとくに飛んでまいります。十ヶ所の所に飛んで行くわけであります。十言神呪の組立てにある十ヶ所にそれぞれ飛んで行く。そうすると、そこの所においでになられる神様を刺激することになります。位置を刺激するということは、その神様を刺激することになるのでございます。


例えば、少彦名の大神様に対しては、少彦名命《すくなひこなのみこと》・少彦名命・少彦名命……と十回唱えることによって、少彦名の大神様のもとに雄走《おばし》りが届きます。しかし、天照大御神さまだけは、十音がそれぞれ分解して、一音一音のそれぞれの所に伝わるのです。「あ」の一音は天照大御神、「ま」の一音は住江大神、「て」の一音は少彦名命と、分解してその神様の許に伝わるのです。

そういうときには、この言霊をア・マ・テ・ラ・ス・オ・ホ・ミ・カ・ミ、ア・マ・テ・ラ・ス・オ・ホ・ミ・カ・ミ、……というように、区切って伝えるのがよろしいのであります。


普通に、神様と同じように、アマテラスオホミカミ・アマテラスオホミカミ……と、このように唱えますと、天照大御神の方に直通してまいります。天照大御神のみを刺激してまいります。

同じように大国主の大神様に対しましても、大国主命《おおくにぬしのみこと》、大国主命、……と、同じ言葉を、平凡に唱えてゆくならば、同じように大国主の大神様に至るわけであります。

神様からリアクションがある

そうすると、これを日に異に《ひけ》（毎日）唱えておりますと、その唱えた神様から、何らかのリアクションがあるものでございます。リアクション、反作用がありまして、神様から、何らかのお返事が届いてまいります。もちろん、一週間や十日という問題ではなくしてこれを、一ヶ月、二ヶ月、三ヶ月、あるいは、一年と、長くやっておる間《あいだ》に何か変化が起きてまいります。

ですから、一番そういう意味で、幅広く、多くの神様にその言霊が届くのは、ア・マ・テ・ラ・ス・オ・ホ・ミ・カ・ミと区切って唱えることです。「十言の神呪、浦安の祷言」の奉唱におきましても、天照大御神に対する言霊も、要するに平凡に天照大御神・天照大御神……と流すよりは、ア・マ・テ・ラ・ス・オ・ホ・ミ・カ・ミ、ア・マ・テ・ラ・ス・オ・ホ・ミ・カ・ミ、……と、いうように唱えて、十数回を唱える方が、それぞれの神様のみ許に言霊がほとばしるわけであります。届くわけであります。こうして、「十言の神呪」の組立ての全ての神様にそれが届いて、ここに大きい救いの手が、下がってくる。そういうものになるわけです。

ですから、「十言の神呪、浦安の祷言」の奉唱も、あまり上品にやらずに、数だけだとは思わずに、しっかりと唱える方が、より効果的であろうと思います。そしてこれを、毎日の行としてなされるといいと思います。

色々な恵みを賜ることになる

当洞とは申しませんが、皆様がもしこれをなさるとき、今申しましたような言霊の効果を伝えつつ導いてあげると、色々な恵みを賜ることになると思います。

それで今一つは、あまり大きい声を上げると大変でございますので、それぞれのその空間にあったように声を出すのです。言葉の区切りがあればよいので、これを小声でもって、同じように唱えることだってできるわけであります。小声でもって、一音一音を区切って唱えるわけです。唱えた後の「天津神、国津神、守り給へ、幸え給へ」というのは今までの通りでいいのであります。

神呪というのは、このようになっておりまして、短いものは、区切ることによって、区切って唱えることによって、その一つひとつの言霊が発動することとなります。発動というのは、その言霊が神様に届き、反作用があるということです。

「アジマリカン」

今、短い言葉で、「アジマリカン」というのがありますが、これも、アジマリカンという言葉に意味があり、その言霊が発動いたしますけれども、それとは別にこれを、ア・ジ・マ・リ・カン、ア・ジ・マ・リ・カン、……と、このように区切れば、またその効果が違うわけであります。

このアジマリカンの言霊を解きますと、「ア」は天照大御神であり、「ジ」は「し」の濁音で、宇宙ということであります。「マ」は真理であります。そして「カ」は、これも天照大御神であります。――「リ」と「ン」の解説はありませんでしたが、「リ」は言霊が飛ぶことで、「ン」は言霊が止まることと思われます――

そうすると、「ア」から発展をして、宇宙に広がり、真理［に至り］、宇宙の中から真理を引き出し、それが、「カ」天照大御神から、己に届いて［反響して］まいります。

ですから、宇宙の一点の「ア」から、宇宙の全域に広がって、その中から、真理「マ」と結晶し、そして、「カ」すなわち「ア」の中に戻り、届いてくる。そういうような言霊であります。

ですから、そこの中には、「ア」と「カ」で循環をしまして、その繰り返しによって、真理の中に己を置くことになるわけです。「アジマリカン」というのはそういう意味で、真理の中に己を置くので祓《はら》いの言葉にもなるわけであります。これも素晴らしい言霊であります。

単に慰霊のために唱えるだけではなくして、はっきりとア・ジ・マ・リ・カン、ア・ジ・マ・リ・カン、……、これを、小さい声から大きい声まで、ゆっくりと、あるいは早口で、区切って唱えることによってその効果が、広大になるわけであります。そういうことを考えて、是非、これからのことに使っていただきたいと思うのでございます。

神呪の継続

「アマテラスオホミカミ」と「アジマリカン」とは、それぞれに効能は違いますけれども、短くて、いい働きをいたします。これを一週間ぐらいで辞めずに、できるだけ続けるとよいでしょう。毎日百回は唱えるといいと思います。百回は毎日唱え、それがどれぐらいの効果で出てくるのか。それは人によって異なります。効果の出方も現れ方も違ってまいりましょう。

この「アマテラスオホミカミ」の代りに「アジマリカン」を意識してやられると、また一つの違った境地が現れると思います。ぜひこれを、御祭りの最後にやってみてください。「十言の神呪、浦安の祷言」の延長だと思ってやってみてください。最後に「天津神、国津神、守り給へ、幸え給へ」と進めばいいわけです。その言霊の響きに、唱えながら浸ってみてください。いくらも時間はかからないと思います。

「大祓詞」

さてまたそこで、「大祓詞」の百巻行のようなものがございますけれども、これも、全体として唱えるならば、そういうような一つの文章を読むような、言霊の響きがございます。しかしこれを、意識をしながら唱えてまいりますと、それぞれの言葉に散りばめられた言霊が眠っておりますが、その言霊が同じように発動することになります。

しかも、その発動が、大変広大になってまいります。広く行き渡るようになります。ですから、これも一音一音を、できるだけはっきりとさせながら唱えることによって、その効果がはっきりといたします。忙しく唱えなくてもよろしいので、一回に十分程かかるかもしれませんけれども、区切ることによって、そういう一つひとつの言霊のものが発動してまいります。

この「大祓詞」の中に、五十音図の言葉が、どういうように配置しているのか。ぜひ一度調べられるといいと思います。これを言葉として流さずに、一つの行に使うような「大祓詞」の唱え方もございます。そうすることによって、この大祓の持つ祓いというものが、大きく行き届くわけであります。そう思ってください。

さらに伝えておきますと、「十言神呪」の表《おもて》の組立ては、天津神様が大勢おられ、裏の組立ては国津神様だと説明がございましたけれども、この「大祓詞」と申しますのは、この国津神々の中に言霊が行き届いてゆくものでございます。ですから、人間として、祓いを行いながら、その国津神々から大きい稔《みの》りを賜うことができる。そのようになっておるものでございます。

まことに、神呪というものは奇すしきものでありますが、それをどのように捉えるかによって効果が違ってまいります。

――ここには、説明がありませんでしたが、「大祓式」などの祓式においては、アクセントをつけて唱える方法もあります。すると、言葉を区切って唱えるような感じになります。――

「真言祝詞」

また「真言祝詞《まことのりと》」がございます。この「真言祝詞」もそのように思っていただきます。一音一音を丁寧に伸ばして、その中の言霊に変化をもたらせております。一音一音を丁寧に伸ばします。「ア、メ、ノー」と申しますと、この「ア」が高いときと、低いときとがあるわけですけれども、そういうような、言葉の高い、平凡、低い、平凡、落とす。低い、高い、平凡というような区別を付けながら、あるいはこれにバイブレーションをつけながら唱えると、もっと「真言祝詞」の持っている本質が響き渡るようになります。

一度にこれを、変えるのは難しいかもしれませんけれども、そのようなことを思いながら唱えられると、「慰霊《みたまなごめ》」における効果に変化が現れます。その御霊に対する、慰霊としての働きかけが違ってくるわけであります。

そのように、言霊の響きというものは、色々の音色によって違うものであります。今日、話をさせていただいたことを、参考にしながら色々と哲学をしてみてください。

「十種神宝」

お伝えをしておくといいことを最後に伝えますが、「十種神宝《とくさかんだから》」では、沖津鏡《おきつ》、辺津鏡《へつ》、八束剣《やつかのつるぎ》、生玉《いくたま》、足玉《たるたま》、死返《まかるがえし》の玉、道返《ちがえし》の玉、大蛇《おろ》の比礼《ひれ》、蜂《はち》の比礼、種々《くさぐさ》の物の比礼、これを唱えるわけでありますが、ここにご印がございます。

これはそれぞれの言霊の中に、一音《いちおん》ではなくて、一語《いちご》、一つの言葉の中に一つの効果をもっております。例えば、沖津鏡という一語の中に秘められたものがございます。

この十種神宝を、その前後はなくてもよろしいので、十種神宝をそのままに唱えることによって、色々の「お願い事」を祈願するのです。お願い事をいたしました時に、その諸願を強くつよく願うときにはこれを、長く、回数を多くして唱えるわけであります。その時は、必ずしも「印」はいりません。あってもよろしいですけれども、なかなか追いついてゆかないでしょう。追いついてゆくようにやっても、もちろん結構です。

「印」というのは、その言葉を強める働きがあります。沖津鏡のこの御印は、沖津鏡と一回唱えるよりも、こうして印を構えることによって、それが「沖津鏡（オキツカガミーー）」というように強い表現、強い言葉になります。

今日は、言霊の話として、住江の大神様のお言葉を頂戴をしながら、真澄洞の祭祀《さいし》について、少しだけお話をいたしました。これからの真澄洞の祭祀に役立てていただければと思う次第でございます。お疲れでございました。

四、大神様のお言葉

〈住江大神〉のお言葉

吾れは住江大神なり。吾れは住江大神なり。

汝貴照彦、穀断ちてよりここに一週間を迎へ、七度《なな》目の吾が雄走り伝ふべし。吾が御許《みもと》にまつろいしを、吾れ嬉しや。

人草の中の「言の葉」は大いなる観法

汝、「言の葉」のまことに奇しきさまを聞きたるや。これ「言の葉」は、己が心を相手に伝へんず大いなる稔りなり。

さればこそこれ、人草の中に以心伝心《いしんでんしん》といふ言葉のあれども、これまことのことならんずや。

「言の葉」は簡略にして送る

己が思ひを相手に伝へんずと思はば、その「言の葉」を簡略にしたる形にし、象徴的にして相手に雄走り［を］送るなり。これ最も早く相手に届かんずのことなり。

「言の葉」をつづめること少なければ、必ずそこに障害の起きるなり。「言の葉」の歪められゆくなり。つづめたる「言の葉」は、一文字、一音、または、二文字、二音《ふたおん》にすべしや。

送り方

しかして、「言の葉」を送るは、相手の顔を浮かべて、その「言の葉」［を］つづめたる一音または、二音の言の葉を一息唱えるべし。しかして息切れたとき、三拍手にて送るべし。

その相手に対する「願ぎ事」は、その相手の御名《みな》を、その個数だけ唱え、「願ぎ事」を申し、つづめたる「言の葉」を息の限り唱えて、三拍手にて送るべしや。さればこの「言の葉」、直ちに相手に伝はらんずや。

言霊の雄走りの法

これまことに奇しびなる、言霊の「雄走《おばし》りの法《のり》」なるなり。吾が思ひを相手に伝へんずの法《のり》なり。

これ相手の心、己が心と違《たが》うことあるなり。されば、これ、相手の心を翻意させるの法なり。相手の間違いを正し、こちらの正しきを伝へるの法なるなり。

汝これすでに「弥増《いやまし》の法」のこと知りてあらんずも、この法と「言霊の雄走りの法」は、それぞれに、相手の人間に響くところ異なるなり。

吾れ奇しびの「雄走りの法」伝へたるや。

これ汝、真澄洞集ひし者あらば、そのおのもおのもに、それぞれの働きに応じて、これ送るべし。その者［を］守るべしや。またその者、これが真澄洞《ますみのほら》に、ひれ伏さんずと、あるべし。

人の世の世界、まことに、まことに悲しきことばかりなり。汝、汝《な》が思いの者たち、これ雄走りの法《のり》もて救いあげるべしや。吾れ嬉しや。［終］

五、雄走りの法

〈トキツハナノヰノ命〉のお言葉

正一位、トキツハナノヰでございます。正一位、トキツハナノヰでございます。

今日はお疲れでございましたが、大事になさってください。［奥様は］それほど心配もせずに無事に終わると思っておりますので、安心をしてください。

「雄走りの法」

さて、早速にまいりましょう。住江の大神様があっさりと「雄走《おばし》りの法《のり》」をお伝えになりましたが、これはまことに不思議な法《ほう》でありまして、何人かの方が、それぞれにやってみるといいと思います。実際に実験をやりながら、その効果を確かめながらやられると、非常に面白いことがわかってくると思います。

一人、二人、三人と、少しずつ、以心伝心、通信のできる相手を広めてゆくわけであります。そうすると、その実験をしたことで、確かめたことで心強く思いながら、多くの方々にその心を送ることができるわけであります。

神様が人間に雄走りを送るのと同じ方法

実は、これは何かと言いますと、神様が「雄走り」を運ばれるのと同じように、いわば人間が人間に対して「雄走り」を運ぶわけでありまして、その「雄走り」の方法であるわけです。

ですから、我々が、地上の人間に対してこういうようにしなきゃいけないよという時には、このようにして「神様は人間に対して」雄走りを送るわけであります。また、詔がある場合にも、そのようにして少しずつその雄走りを送っております。そうしたら、あとは雄走りを担う者が出かけて、それを開けばいいわけであります。このようにして雄走りを運ぶことができるわけであります。

これは、神様と神様との間においてもそのようでありまして、特に神様の場合は、言霊が少なくてすむわけであります。

要するにその相手に伝えたい、伝達文が少なくてすむわけであります。言霊を使うわけでありますから、そのようにして四方八方に色々と、この「言霊の法」というものは、あるいは、「雄走りの法」と申してもいいわけでありますが、使うことができるわけであります。

すでに人間の世界の中にあっていいもの

本来ならば、すでに人間の世界の中にあってもいいものでありますけれども、これが残っていないのであります。まことに不思議なことと言わなければなりません。

そこで問題なのは、この相手の人間に対して、一音《いちおん》または、二音《におん》でもって、特徴づけなければならない。それをどうするのかということになります。これは、相手の顔を浮かべながら、その方の苗字の初めから二つ、例えば、石黒であれば、いし・いし・いし……というように限りなく伝えるわけです。その際に、相手の顔を浮かべるのです。それが届いてまいります。本当に不思議なものであります。

さらにもう一つ付け加えておきますと、この「雄走りの法」には神様がおいでになりまして、その神様がそれを伝えることになるんです。守護神、すなわち「厳《いつ》の神」が付いておられる方であれば、その「厳の神」が素早く届けてくださいます。「厳の神」が付いておらない場合には、少し厄介《やっかい》で苦労するところもありますけれども、そのうちにできるようになろうと思います。「厳の神」の場合は大変早く届くわけです。

「明魂」様の場合には、「厳の神」様ほどには、残念ながら早くは届けることができません、それは「厳の神」の特権でありまして、その素早さは厳《いつ》としての働きを持っているからでございます。

「いの段」を効果的に使う

こうして、相手に雄走りを伝えます。伝えるわけでありますが、さらにこれを、一音にすることもできるわけであります。で、一音にする場合には、その二音をつづめて、石黒の場合には、「い・い・い……」と、こういうように唱えるわけです。

その時に、相手のお名前の中に「いの段」、石黒の「い」や「み」のように、上から二段目の「イの段」の行の音が入っていれば、その言葉を使え、そのまま「い・い・い・い……」と、こういうように伝えてゆきます。これが、「い」という言霊の働く元になるわけです。

門田先生が、名前の最後に「い」の段の付くのは、その言霊がその名前を持つ人に強く響く、強く当たるということをつねに申されておりました。例えば、「たけし」であれば、「し」で上から二段目でありまして、「たけし」と呼ばれ、大声で怒鳴《どな》られたり、怒られたりすると、その「たけし」という言霊が何かしら大きい働きを与え、本人を萎縮《いしゅく》させるわけです。だから、あんまり良くないんだ、ということを話されておられたのであります。それと同じであります。

また、天照大御神を三十三回唱える善言《よごと》がありますが、この一番最後のところで「い」とやるのも、同じような理由です。すべてそういうように、この祭典の中においても、そのことを使うことができるのです。まことに面白いものでございます。

相手の心を知るには

今、貴照彦さんが、それを纏《まと》めながら、考えておられたと思うのでありますが、相手の心を引き寄せるにはどうするといいのだろうか。相手が、どんなことを考えておるのであろうか。その考えを引き寄せる、これは少し難しいことになります。本当に「厳の神」のお働きそのものでありまして、「厳の神」の雄走りを送る法でもって、雄走りを相手に送り、そして、自分に引き寄せることによって、相手の感情を感じることができるわけであります。

そういうようなこともございますけれども、これは「厳の神」の授かった者でないとできません。特に、龍神《たつみかみ》の場合には、これが素早くできるわけでありまして、龍神を送り、そして、引いてくるわけであります。

「厳の神」にお願いする方法も

単に龍神を送るだけでは、こちらの考えを伝えることはできませんけれども、それを龍神にお願いをして、運ぶという方法もございます。こちらの想《おもい》を、龍神にお願いをして送るのです。それは、簡単なことでありまして、龍神のお名前の善言を申し上げ、「これこれを、相手に伝えて欲しい」と申し上げれば、すぐに届くわけであります。龍神を「厳の神」として持たれる方は、そのようにすることもできます。

あんまり貴照彦さんは、相手のことにつきましては、ゆくよう成るようにと申しましょうか、色々となさいませんけれども、そのようにして使うこともできるわけであります。

「分身」を送ることもできる

それが、もう少し高尚になってまいりますと、いわゆる「分身を送る法」があるわけであります。己の分身として、雄走りを送る方法です。これは、正位の明神が自分自身で出向く大《おお》雄走りではなく、雄走りとして分身を使うようなものです。それと全く同じでありまして、本当に雄走りを出すことができるような、この現世《うつしよ》において解脱《げだつ》をしたような方々にだけ、まさに許されることになるわけです。

貴照彦さんにも、すでにその資格はあるわけでありますが、またこれも教わるとよろしいと思います。そのことを貴照彦さんは、門田先生から、こういう事実があったということを、直接にお聞きになられたわけでありますが、このことでございます。

この雄走りを送る法は、思いを起こさせるだけではなくして、姿を現すこともできるのです。自分の思いを相手に伝えるだけではなくして、どこそこの所に姿を見せたいと思えば、雄走りの「分身の法」でもって、そこに、己の体《からだ》を現すことができる。そういうこともあるわけでございます。

瞬間移動

瞬間的移動という話があります。この瞬間的移動というのは、本人が、空間の中で肉体を滅却させて移動する、そういうこともございますけれども、今申したような、分身を送るということもございます。

そしてそこで、何か言葉を発して、用を務めてくるわけであります。これがまさに、雄走りの法であるわけです。我々の世界の「雄走りの法」であるわけです。

そのように、この一つの言霊から己の思いというものを、相手に運ぶことができるわけでありま す。今日、住江の大神様から、お教えをいただきましたのは、その第一歩でございます。その第一歩でございます。この人間の世界も、神様の世界と同じように、まことにそのようなことができるのでございます。誰でもがそうしてできるわけではございませんけれども、まことに興味のある話でございます。

この分身を出すことは、特別な異《こと》なる次元へ移って、それから人間世界に出て来る、とかというようなものではなくして、まさにこの普通の三次元空間の中において、サッと行われることでございます。

今日はまず私から、住江の大神様の「雄走りの法」について、さらに敷衍《ふえん》してお伝えをいたしました。次はさらに、これを飛躍して伝えたいと思いますので、少し休みましょう。

六、「願い事」と産土神社

〈トキツハナノヰノ命〉のお言葉

正一位、トキツハナノヰでございます。正一位トキツハナノヰでございます。

早速に話を続けたいと思います。

三次元空間においてできること

この「言霊を送る」ということも、あるいは、「雄走りを送る」ということも、これらは特別な空間を使うわけではなくして、この三次元空間の中において行われることでございます。

その雄走りを伝える時に、龍神様が、例えば、四次元空間の中に入って瞬時に相手のところへ行き、三次元空間に戻って相手に伝えるとか、というようなことはございません。すべて、この三次元空間においてできることでございます。

それは、龍神様にとってそのようなことは全くたやすいことでございまして、龍神様にとってゆっくりということは、人間にとっては瞬時ということでございます。ですから、何の心配もございません。

これが、地球の上に置いて、例えば、日本とアメリカというような二つに分かれておるような場合でも、普通の雄走りで「い」とやる雄走りでやっても割合に早く届くのであります。また、龍神様にお願いをする場合も、これは全くそのまま変わらずに届きます。

このように地球の上である場合は、時間的な差がちょっとあるだけです。けれども、これが地球の上とお月様の上とであれば、そういう意味で、少し時間がかかります。

龍神様はほとんど変わりがありません。例えば、この地球と水星のような場合になれば、そこにははっきりした違いがあります。そういうような違いがございますけれども、普通には、今日申したような方法で、お互いに身近な人間の間で、思いを伝えることができるわけであります。

好き嫌いを伝える

ですから、この人間世界の中で、相手の女性に対して「好きだ」ということを伝えることができずに、もぞもぞとするようなドラマがあるわけでありますが、全くたやすいことであります。その言霊の法でもって伝えていけば、ひとりでに相手の心を和ませ、こちらの方に引き寄せることができるわけでございます。全く俗っぽい話でありますけれども、例えばこういうことができるわけであります。

また、相手と「別れたい」、そういうような時にも、これをことが使うことができるわけであります。あなたと別れたい。あなたと別れたい。ということを、言霊でもって送ればいいわけであります。

このようなやりとりをすることによって、まさに以心伝心しながら、こちらの心を相手にジワッジワッと染み込ませることができるものでございます。是非そんなようなことを皆んなでやるとよろしいと思います。

神様に対するお願い

さてそこで、特に大きい雄走りの問題としてありますのは、人間が神様に対して、どのようにしてお願い事を「申し上げれば」成就するか、という問題が当然あるわけでございます。

一般的に、神様から色々な祝福をいただきたい。そういう時に、まことに効果的なものは、「十言の神呪、浦安《うらやす》の祷言《ねぎごと》」でございましょう。まず、「十言の神呪」―天照大御神―の回数をできるだけ多く唱えます。祭典では十数回ですが、二十回、三十回と心が静まるまで唱えます。そして、最後に「浦安の祷言」を三回唱えるのです。―「浦安の祷言」というのは、「天津神《あまつかみ》、国津神《くにつかみ》、守《まも》り給《たま》へ幸《さきは》え給へ、穢《きたな》き赤《あか》コゴメども祓《はら》ひあらけて、浦安国《うらやすくに》のうまし御世《みよ》とあらしめ給《たま》へ」です。―

そして、その最初でも最後でも何処でもよろしいので、「自分の願いはこうこうである。このことをどうか成就させて欲しい」、「仕事がうまくゆくように」、あるいは「受験がうまくいきますように」、そのようなことをお願いをして唱えてみる。これも一つの方法であります。

しかしこれは、願事《がんじ》というよりは本来が、すべての神様の門を叩いて、何かわからないけれども、ご守護をいただく。そういうようなところが、強いものでございます。

成就してください」とお願いを申し上げるわけであります。

「善言」と氏神様

そこで、神様にお願いを申し上げるのは「善言《よごと》」であります。善言を唱えて、「これこれのことを成就してください」とお願いを申し上げるわけであります。

しかし、ここに問題になるのは、それを担当するのは、どの神様でもよろしいのかということです。さにあらずで、やはりその「願い事」を主として担当される神様がおいでになられるわけであります。

このことは、本来においては、「氏神様《うじ》」（産土神社《うぶすな》）の御許において申し上げるのです。氏神様というのは、この国津神の中においては自分の代表であります。自分自身の本質的なものでありますので、そこにおいてお願いを申し上げるわけであります。

特に、最初から話がありましたように、「十言神呪」の第三の裏の組立ての国津神様のどなたかに、それを担当される国津神様にきちんと伝えることによって、その成就が大変早いものと相成ります。その「願い事」が、まったく担当の異なる神様にお願いをしても、なかなか成就がございません。

神社へまいりますと、いろんな「願い事」を聞き届けるような「お守り」を置いてあります。また、ご祈願を取り扱ってくださるわけであります。神様はその「願い事」をお聞きくださるわけであります。

しかし、本来はそういうものではなくして、ご自分の氏神様の御前《おんまえ》で、その神様のお名前を――十回以上――申し上げて、それを善言とし、お願い事を申し上げたら、それが通ずるのでございます。氏神様というのは、そういうように自分自身の顔でございます。あるいは、自分自身の魂《たましい》そのものでございます。ですから、氏神様を大切になさらないとなりません。

氏神様（産土の神様）は大事に

色々なもめ事の中に嵌《はま》ってしまうことがございます。けれども、そういう時は氏神様におまいりをし、氏神様の善言を唱える時、じーっと心が落ち着き、そのもめ事から抜け出ることができるようになります。これもまことに不思議なことでございます。

そういう意味で、この氏神様というのは大事に、大事になさらなければなりません。自分自身の一生をずーっと支えてくださるものであります。

もっとも本来において、この氏神様というのは、己の氏《うじ》の神であります。しかしながら、己の氏《うじ》を知るということは、もうほとんど不可能に近いようなことでございます。けれども、それを産土様《うぶすなさま》がやってくださるわけであります。お住いの土地を支配をされる神様でございます。

産土様はそういう意味で、一生［涯にわたって自分］を守ってくださるわけであります。また、引っ越しやその他で産土様が変わることもございますけれども、きちっとその氏神様に連なっておるものでございます。きちっとつながってまいりますので、大事にしていただきたいのです。

何故か同じ産土様に巡り合う

引っ越しをする時に、何故《なぜ》か、産土様を大事になさるお方は、同じ産土様に巡り合い、あるいは、その産土様と同じ系列の、霊系の所に導かれるものでございます。そして、会社勤めの方ですと、転勤があるわけでありますが、そういう転勤の場合にもこういうことが起こってまいります。これも不思議なものでございます。

ですから、再々引っ越される方は、自分がどのような産土様の下《もと》で、生活をし、動いて来たのかということを調べると、きちっと「ご自分の氏神様が」わかってまいりましょう。

八幡様の御許で動いている

石黒さんの生まれは、土佐の国の高岡町という所で、大山祇の大神様が鎮まります三島神社の領《うしは》く土地で誕生されたのです。ご存知のようにそこには、宗像《むなかた》の神様を相殿《あいとの》としてお祭りをしてございまして、そのご縁でもって誕生されたわけであります。

上京して最初に住んだのは、井之頭公園の弁財天の許でございます。また、滝野川の八幡様、筑土八幡という八幡さんでありまして、これが学生時代であります。八幡さんでございましょう。次に、岐阜に移りますと、これも八幡神社でございますので、お調べになるとわかりましょう。

柏の地に引っ越されて、ここにはすぐ傍《そば》に浅間神社がございますけれども、これは本来氏神様ではなくして、やはり八幡様のうしはく土地でございます。

現在は、ここに住んでおられるわけですが、この八坂大神というのはもうご承知のように、ご祭神は須佐之男の神様でございます。須佐之男の神様と八幡様とは、どのような関係があるのかというのは、これはもうすぐにわかってまいります。この八幡様というのは、本来において大変幅広い御霊の世界でありまして、ここに熊野大権現すなわち、須佐之男命の大神様が関係のないはずはございません。

最初に大山祇の大神様より詔のございましたように、まさにそのような八幡様の御許《おんもと》においてずっと動いておられるのが、石黒さんでございます。その中において、格別なお守りをくださっておるのが、すなわち、宗像の大神様であられます。

ご自身の過ごされてきた所を精査されると、色々とおわかりになると思います。

そのようにして、この産土様というのは、人間の中に、不思議な影響を与えておるものでございます。またそれは、自分が生まれ落ちたということから、関係があるわけであります。そして、その氏神様の系列の中で、動いていく、生活をする、そういうことがございます。

産土様は己の顔であり魂

氏神様の話から、氏神様を通してお願い事を届けるということから、少し話が脱線をいたしました。

けれども、神様に対するお願い事というのは、そういうものでございまして、直接に大きいお社《やしろ》に対して、いろんなお願い事を頼みに、依頼してまいりましても、氏神様を平素において大事にしておりませんと、そのことが十分に聞き届けていただけないわけであります。ですから、どんなにお金を積んでも、それは話半分になるわけです。金額の問題ではないのであります。

どうか人間にとって、産土様というのは、己の顔であり、魂であるということを、しっかりと伝えてあげて、教えてあげてもらいたいものでございます。日の本における御方々にも、もう少し産土様ということが理解できれば、そこに求心力というものができまして、己の心がまた違ってくるものでございます。

さて後半は、お願い事は、本来は、氏神様を通して、我々人間の願いをお伝えするものだ、ということを伝えました。

玉串を捧げることと話は別

一つ落としましたけれども、自分の信仰する神様にお願い事ではなくして、魂を捧げるという、玉串を捧げることによって、その大神様と結びつきを作ろうということとは、話は別でございます。それはお願い事ということではございません。右に述べたのは、自分の願い事を伝える場合の話であります。

以上で終わりたいと思います。

七、大神様のお言葉

〈住江大神〉のお言葉

吾れは住江大神なり。吾れは住江大神なり。

汝貴照彦、今朝《こんちょう》また麗しくあるかな。吾れさらに、これ「言の葉」のこと草ぐさに伝へんずや。

言霊の響きはささやくが如くも宇宙に鳴り響く

これ「言の葉」、すなわち、言霊の響きは、己が肉の外《そと》の世界に限りなく響きわたるものなり。己が肉の外の空間にありて、限りなく響きわたるものなり。その声の如何に大きく、如何に太く、如何に小さく、ささやくが如くにありても、これが宇宙に鳴り響くなり。これまことに不思議なり。まことに異《い》なるかな。

しかして、その鳴り響く言の葉は、なべての人草の上、また万物《よろずもの》に伝はるなり。これ、一本のにも、さらにこれ、生物《せいぶつ》と言へるか、微生物の中にも、一つの石ころ、大地にまで響きわたるなり。しかしてこれ、神々の世界にまで、また幽界冥界にまでなりなり響きわたらんずや。

木、小さな葉っぱ、あるいは動物に、小さき蟻にも、さらにこれ、生物《せいぶつ》と言へるか、微生物の中に

己の「体」は外界のすべて

汝、このことすでにわかりたるや。第四の「十言神呪」、その裏の神呪に述べたるが如くに、己が「体《たい》」、体《からだ》は、己が肉体よりさらに、その外界をなべて包みたるものが、本来の己の体《からだ》であればなり。これ己が体《からだ》なり。

これ、なべての［人草の］ことなり。人草は物理的なる空間におきて、物体をそれぞれに認識することあれども、これ人草は、その［霊的］眼《まなこ》を閉じたる存在にあれば、本来において、ここに物理的空間は存在することあらずや。

さらに、肉体の上に張り巡らされたる感覚を蕩尽《とうじん》すれば、これ己が体《からだ》を知ることあらずや。己が聴力を、耳を失えば、それ物理的空間に響かんず音の聞こえることあらず。

現世を五感より眺めると人の本質を失う

かくして眼《げん》・耳《に》・鼻《び》・舌《ぜつ》・身《しん》にと、おのもおのもその五感を蕩尽したるところの存在、これ人の

本質なるなり。

これ、美しき女人《にょにん》を見て美しき女《ひと》［を］感ずるは、女《ひと》と見るは、これ、本来の人間の見るものにあらず。一つの窓より見たるものにありて、これその人間の欲望なり。

汝、これが現世《うつしよ》を五感より眺むるは、人の本質を失わせるなり。すなわちこれ、「三字《みじ》の観法《みのり》」の本質ならんずや。これその人間の本質たるものに、「肉の衣」を被《かぶ》せて、ここに五感を授けしは、これが五感を通して、その人間の本質を悟らしめるにあることとなり。

さればここに、何故にその、人間の本質を悟らしめる必要のあるや。これまことに人間の存在の根幹にかかわることとなり。

ビックバンで宇宙が誕生したがその先に霊体の世界

汝、これ肉体の無き世、これが地球の存在の無き世、宇宙の存在の無き世、百三十億年をさらに遡《さかのぼ》るとき、ここに「霊体の世界」のあり。霊体のみの世界あり。

しかしてここに、新たなる宇宙を創るべしと、これ壮大なる計画のありて、その霊体の数々、これが物質の詰まりたる物理的空間の中に入り混じりてあり。ここにその霊体は純粋なる霊体のみにあらずや。

物理的空間に草ぐさのもの生《お》い茂るが如くに、霊体の中に草ぐさのものあり。それらのもの、これ純粋なるものあり、またおのもおのもにその道を突き進まんずとす［る］ものありや。かくして、その霊体の遊ばんずもの、ここに、物理的空間のおのもおのもの中に、これ遊びてあらんずや。

かくて、人草の魂《たましい》の中、これ奇しびの霊体のあるなり。さればこれ、神代の昔、草ぐさの神の誕生するは、すなわちこれ、物理的空間の中に、その霊体のみの世界より移りたる霊体の誕生したるものなり。まことに奇しき、人の世の世界なるかな。

これ、宇宙すなわち、ビックバン始まりてこれが宇宙の誕生しけれども、その先に、霊体の世界のありしこと、これ未だ知らざることなり。宇宙の誕生は、まことに不思議なるかな。

言霊の響きは万物の覚醒に使われる

しかしてここに、一人の人間より発せられたるその「言の葉」の行方《ゆくえ》の如何なるや。これ一つひとつ、己が細胞の内《うち》に入《い》るなり。すなわちこれ、物理的なる肉体の細胞に入《い》るなり。

これ、その「大いなる肉体」のうちに存在する、他の人間の本質に対して、如何なることあらんずや。これ、その言霊の響きは、他の存在の覚醒に使はれんずや。これ万物《よろずのもの》の覚醒に使はるるなり。その覚醒に使はれんずや。
すなわち神々は、このこと賜ふを、反射して［その者に］伝へるなり。その者に入ることもあれば、他の存在に対して届かんずや。

「大いなる我」
汝、これ己が本質を包まんず、この薄き皮の外《そと》、なべて己が体《たい》なりと、己が体《からだ》と伝へしも、これすなわち、「大いなる我」なりや。なりなり続く「大いなる我」なりと知るべしや。［終］

八、ビッグバンと生命の誕生、人間存在の意味と完成

〈アキヒトラノ命〉のお言葉
正一位、アキヒトラノ命でございます。正一位、アキヒトラでございます。

『古事記』冒頭の部分の話
今朝は、住江の大神様から、時間・空間を超越した、大変大きなお言葉がございましたが、これらは、その『古事記』冒頭の部分であるわけでございます。ご神名がスラスラと出てくるならば、これを告ることも伝えることも容易でございますけれども、そのことは置いておきましょう。日本

の国だけでなく、まことに大きなこの宇宙の成り立ちの話でございまして、まことに不可思議な壮大な物語でございます。

今夜はまず、その補いからはじめてまいりたいと思います。

ビッグバンの前の世界は霊体の世界

この宇宙が誕生しましたのは、そのビッグバンの始まりまで、百三十六億年昔だと言われておるわけでございます。今日、住江の大神様が申されましたのは、その前の世界があったのであると、その前の世界というのは、実は「霊体の世界」であったと、申されるわけでございます。

そこで、霊体の世界があると言われたわけでありますが、どのような霊体の世界であったのかと申しますと、まさにこの人間世界と同じような、霊的な体《からだ》を保ちながら、それぞれにきちんと人間のような体《からだ》を持ち、生活をしていたわけでございます。そしてこの中に、秩序と統一と調和のとれた世界が営まれておりました。

イナルモノは必然的なもの

しかし、集まりのつねとして、必ずそこにイナルモノが存在するように相成ります。先にもお伝えをいたしましたけれども、このイナルモノというのは、宇宙の膨張によって生じてくるものであると、必然的なものであるとお伝えをしたことがございますが、必ず生じてまいります。――『神界物語』㈡、二二六頁―

そのようにして、この霊体の世界においても、ここにそれぞれの格差というものが必然的に生まれてまいります。秩序と統一と調和のとれた世界であり、その中に生活《なりわい》をなし、個人的な立身出世というものはほとんどない世界でございます。しかし、ここにやはり、その仕事ぶりによって昇進するという事も当然起こりうるわけでございます。まことにこの人間の世界と同じことでございます。

ビッグバンが起きた

そこで、そういうような霊体を、どのようにしてさらに向上をさせるといいのであろうかということで、ここにビッグバンが生じたのでございます。起きたのでございます。

そうすると、そこに生まれた生き物や物質の大地に、その霊体が、特にイナルところの霊体が送り込まれて、閉じ込められるようになるのでございます。

人間の誕生

そうして、すべての物に、霊体の世界から霊体が送られました。

その霊体が、物理的世界の中に次第に移り込み、そうしてここに遂に、動物のようなあるいは、特に人間を誕生させることとなります。それぞれの生き物の中に、これが入り込みますと、そこにまた新たなるものを生み出し、物ができるわけでございます。

回りくどくなりますけれども、その地球の上に誕生した微生物の如きものに、あるいは、元素のようなものに霊的なものが移る、そうして次第に大きいものが生じ、ここに生き物を作ることと相成り、その生き物の中から人類が生まれたわけであります。ついに、人類は生殖作用によって新たな人類を作るわけであります。

生命の種は霊体から

ここに不思議と言われております、生き物、生命の種というものは、どこから来たのかというと、その「霊体の世界」の霊体から生まれて来たものでございます。幾億年かを経過をしながら、次第に発達をさせ、そうして、人間という大いなる人間というものが誕生したわけでございます。

生き物が、生命の誕生というものが、如何にして作られたのかということを未だに伝えるものはございません。生命の誕生というのは、このような霊体の世界の中から送られた霊体が、単に年月ではなくして何千年何億年という時代を経ながら、誕生をせしめてきたわけでございます。そうして、生命が誕生したのでございます。

ここまで述べてきましたが、石黒さんは、もう少しすっきりとした形に述べていただいたらよろしいと思います。その理由《わけ》はわかっていただけたことと思います。

何故に人間を造ったのか

そのようにして、人間が発達をし、知恵というものも発達をし、次第に文化文明を作るようになってくるわけでございます。それが、この人間というものが、どうしてここに生まれたのかということでございます。

そこで、元に戻らねばなりませんけれども、この人間を造ったのは、何故《なにゆえ》かと申しますと、霊的、霊体の世界に住む、その霊体を浄化するために作ったものでございます。ですから、人間は、自分の霊体であるところのものを、浄化しなければなりません。そういう役割が人間には与えられておるわけでございます。

その中において、特にその霊体が、人間のどこに鎮まっておるのかといいますと、人間の「一霊」の中に主たるものが座っているのであります。そして、その「一霊」の周りに「四魂」がございますが、その「四魂」の上にご先祖の御霊が座っておるのです。そのご先祖の御霊の中にも、それぞれに「一霊」というものが鎮まっているわけであります。

ですから、人間の本質というものは、本来において、その霊体の世界から訪れたところの霊体によって成り立っている。そのように申してもよろしいわけでございます。

色々な神々から別れた霊体が鎮まる

その霊体は、この霊的宇宙の最高神であられますところの天之御中主命《あめのみなかぬしのみこと》、それを直接ひかれるところの天照大御神ですから、おのもおのもの人間に存在するものは、いわば天照大御神の分霊であるわけでありります。

さらに、そういった霊体からも、草ぐさの霊体が生まれるのであります。遠くへ遡《さかのぼ》ればすべて天照大御神ということになりますが、それぞれ色々な神々から別れたところの霊体が、人間の中に鎮まることとなるのでございます。

その霊体が、人間の修行によって浄《きよ》まっていくわけでございます。その浄まったものは、別け御霊として与えた神様の浄まり、ご利益であるわけでございます。

今ここに、ビッグバンの百三十六億年前より前に誕生したわけでありますが、この物質的宇宙から、元の「霊体の空間」に戻ることができるのかどうかということが、問題になりますけれども、これは、意外な方法で簡単に戻ることができるのでございます。その話は、今回は、これ以上に伝えませんけれども、その事実だけを、伝えておきましょう。

如何なる形において魂を清めることができるのか

こうしてできた人間という存在が、物質的・物理的世界の中において、人間として独り立ちをし、如何なる形において、その魂《たましい》を清めることができるのか。それは、いま大神様からお話がありましたように、己のこの魂の袋の外側はすべて己の肉体であると思うことによって、人間の行《ぎょう》というものが成り立っていくわけでございます。

では、何故にそのように、己の外を、己の体《からだ》と思わなければならないのか。

物理的に見ることのできる、この己の体ではなくして、物理空間のすべてが己の世界であるのです。すると、己の体と、その配偶者との体《からだ》、さらにはその夫婦から生まれた子供の体《からだ》とは、まさにピタッと一致をするのでございます。ここに、お互いに一つの空間の中において、人間的存在を保ちながら、清浄な生活を送ることができるものでございます。これがまさに修行をした人間の世界であります。

それぞれに、どのような宗教者であろうと、どのような仕事をしておる人間であろうと、己の持つところの肉体というものだけが己の肉体ということではなくして、己の持つ霊的空間が包むものが、さらなる外界からなる肉体であります。しかしその肉体は、すべての人によって異なるのでございます。大きい人間もあれば、小さい人間もある。あるいは、これが歪んでおる人間もあるわけでありまして、まことに千差万別の形をしながら、生活を送っております。

如何に多くの人と肉体を共有するか、人間の大きさを示す

そういう肉体観に立つ時に、ここに現実的な話を申し上げますが、何故に「家相学」のようなものが存在するのか、というのは、そういうところから生まれてまいります。あるいはもっと簡単に、己の外の肉体は、この家の形の中から生まれてくると、言ってもいいのかもしれません。しかし、その家よりも、もっと大きい肉体があるわけであります。

こうして、己の肉体を、如何に多くの他の人と共有をすることができるのか。これが、その人間の大きさを示すものと相成ります。

色々な芸術の世界においてもそのようであり。あるいは、政治経済の上においてもそうであります。その本質はつねに己の肉体を大きくし、どれだけ多くの人を包み込むことができるのか、ということにかかってくるわけであります。

同時に、己の魂をどれだけ輝かすか

それと同時に、己のこの魂をどれだけ輝かすことができるのか。そういう相乗効果によって、己の外なる肉体が作られてゆくのでございます。

ですから、「十言神呪」の第四の裏というのは、そのことを教えているわけであります。

人間というものは、この肉体を大きくしてすべての人を包み込む、取り込むような心にならなければならない。それはすべての人間を一視同仁《いっしどうじん》に眺める、あるいは、平等という思想の中に現れるものにございます。

度々に今回は、この「十言神呪」第四の組立ての裏についての話がございますけれども、まことにその第四の裏の肉体ということについては、示唆の深いものがあるのでございます。本来において、第四の表においても同じように、そのようなものがなければならないわけでございます。

さて、今回はここまでにしておきまして、後半はこのことをさらに続けてまいりたいと思います。

九、「外界」と「大いなる我」とハルミ

正一位、アキヒトラでございます。正一位アキヒトラでございます。

「大きい我」は実体として存在する

早速に話を続けてまいりましょう。

このように人間というものを眺めるということが、極めて大きいのでございます。そして、この

ような「大きい我」を知るということは、単なる思想哲学的な、理屈の上に存在するものではなくして、これが実体として存在するものであるということを知ることが重要でございます。それは本当の事実のことでございます。

人間は、つねに「なりなり続く」ところの「大いなる我」を求めながら、また、それを身につけようと限りなく努力をしなければならないものでございます。

人と人、人と物との間を取り込む

しかしながら、目を開ければ、自分と相手という確かに物質的に包まれたところの小さな存在があります。その相手との間《あいだ》には、外界としての空間が存在しています。ですから、人と人、あるいは、人と物との間におきます、この間《あいだ》というものをどのように認識をし、そして、思想哲学の上に如何なる形において己のものにしていくのかということが、たいへん大きい仕事となってまいります。

この外界としての人と人との間の空間を、己のものとしていくことによって、ひとりでに相手の人間をも、物体をも、取り込むことができるわけであります。それが仏教に言うところの「悉有仏性《しつゆうぶっしょう》」、すべてのものの中に「仏の性」を認めるというところに行き着くわけであります。そういう世界に行き着くとき、そこに「大いなる我」というものが成立をするのでございます。

さらに大きい世界が存在

しかし、それだけにとどまらずに、その「悉有仏性」よりもさらに大きい世界が存在をし、仏様の世界も、神様の世界も、あるいは、太陽や月も、すべてのものを包み込むところの大きい認識に立たなければなりません。

そうして、大きい大日如来《だいにちにょらい》の世界像のようなものが存在をしてまいります。またここに、密教における曼荼羅《まんだら》のようなものができ上がってくるわけであります。これらは、そのような世界観において成り立ってくるものでございます。

しかしここで、神様の御許《おんもと》にまつろいまつって、そういうような世界観だけで終わるのではなくして、もっと大きい世界に、突き出なければならない。それは、そのような観念的な、思想哲学としての、理論的なものだけではなくして、実体として体得しなければならない。そういう世界に、そういう世界を実在の世界として、生きなければならない。これが本当に、神様と人間とが、溶けあったところの世界に、生きなければならないということでございます。

ハルミと肉体の存在する世界となる

そうすることによって、そこに自《おの》ずと「ハルミ」という問題が、起きてくるわけでございます。人間が、己の肉体を捨てたわけではないけれども、この一霊四魂を包む皮の外側が肉体であるということを、実体として知るならば、ここに残されたところの一霊四魂とそれを包む皮というのは、ハルミとなってくるわけでございます。すなわち、ハルミと己の肉体とが、「人間として」この宇宙において存在をすることに相成ります。

我々は、この自分の肉体と外界とを本当の肉体として、実体として眺めるのであります。けれども、平静《へいぜい》の生活において、それを続けるということはできないことであります。しかし、そうするうちに己の体《からだ》は、己の霊体の外にある己自身の肉体というものは、そこで枯れてゆき、溶けてゆき、そうして、「ハルミ」というものができるのでございます。

ハルミは「大いなる我」の中において生きる

ここに、このハルミというのはいわば、悟ったところの「大いなる我」の中において生きることと相成ります。そうすれば、ハルミは、「大いなる我」の中において自由自在に動くことができ、また、霊体として姿を変えたものであるので、これを自在に神界、霊界の世界の中に、その身を移すことができるわけでございます。こうして、我々人間は、神様と本当に御目文字《おめもじ》のできるような状態へと完成してゆくわけであります。

そのことを、「体字《みいじ》の神呪」は述べているわけであります。「大いなる我」を悟らない限りにおいて、神様との見相《けんしょう》は、対面はございません。そして、体字の神呪は、その魂の中から、己の肉体という殻を捨てて外を見ることを示しておるわけであります。――魂が「大いなる我」の中において光り輝いているのです――

「十言神呪」は「大いなる我」の世界で解釈し直す

この「十言神呪」の神歌というのは、まことに奇すしく組立てられておるのでありまして、そういう意味で、これをもう一度解釈をし直すならば、また、もっと違う世界が見えてまいります。そしてまた、この観法はまた違った味がしてくるはずでございます。

多くの神々が、「十言神呪」の第三の組立ての中に現れておりますけれども、それはすべて「大いなる我」の中に現れるものでございます。この第三の「十言神呪」というのは、そのものが「大いなる我」の世界、「大いなる我」を示したものに違いないわけであります。

そのように眺めますと、第四の組立ての「十言神呪」も「大いなる我」を示したものでございます。三柱の神々「す（天之御中主命）・か（天照大御神）・お（大国主命）」というのは第三の組立ての真ん中に並んでいるわけでありますが、この神々は第四の組立ての中の己を作っているものです。魂はこの己の中に鎮まっています。

そうすると、第四の組立てにおいては、己の魂を除いた組立てそのものが外界になっているのです。世界のすべては己を包んでいる。そのような世界になっているわけです。──第三の組立て、第四の組立ては『十言神呪』を参照してください──

「大いなる我」は組立てとして示されています。しかし、「大いなる我」を、どのようにすれば、悟ることができるのか。体得することができるのか。これが次の問題になるわけであります。

「大いなる我」を悟ったとは

偉大な宗教者たちは、この「大いなる我」を求めてつねに修行をし、修行をし、精進をしてきたわけでございます。「大いなる我」を如何ようにして体得するか。すなわちそれは、「十言神呪」の観法《みのり》の成就するときでございます。「十言神呪」の観法《みのり》を完全に成就するときが、「大いなる我」を悟った時でございます。

しかし、十個の観法の一つひとつを、完全に悟ったということはどういうことであるのか。どういう状態が、悟ったということになるのであろうか。それがまた、次の大きい問題になります。

観法の成就とは

その解答は、ここまで来ると如何にも簡単であります。すべてに共通をすることでありますけれども、その観法によって、己の肉体が粉々に崩れるときでございます。己の肉体が、発散をしてしまったときでございます。それを、それを感ずることができれば、その観法は成就をしたと、申してよいときでございます。

己の肉体が、あるいは、殻《から》といってもいいのでありますが、それが崩れるさまは、それぞれ人によって異なるものでございます。人によって異なる。まさに、その一瞬の一撃をどのようにして悟ることができるか。

これは、今申しましたように、そういう意味で十言神呪の解釈をし直し、そして、観法をその意識でもって実行するとき、ここに肉体の崩れ、殻の割れ、己の本当の姿が、魂のみの存在になった姿が現れるものでございます。己の魂の中から、神々しい光が発し、己の魂は、ダイヤモンドの如くまことに高貴な輝きをして、現れてまいります。

これは、「ミスマルの珠」とまた異なるものでございます。「ミスマルの珠」は、そのダイヤモンドの中のさらに奥に潜んでおるものでございます。

かくして人間は、この「大いなる我」というものを求めながら、それを実体として感じ、己の殻を突き破って行かねばなりません。その時に、肉体のなくなった己の姿が現れるものでございます。

まことにまことに大きい世界に突き進んでまいりました。お疲れでございました。

十、大神様のお言葉

〈住江大神〉のお言葉

吾れは住江大神なり。吾れは住江大神なり。

汝、真澄洞貴照彦、吾れ嬉しや。吾が真愛《みまない》の許《もと》にあるを、吾れ嬉しみて、いよいよさらに堂奥に入《い》らんずや。

計画は数百年にわたり世界の思想哲学の根底をなす

汝、こたびの奇《く》しびのこれが計画《はかりごと》は、いよよ数百年にわたりて、これが日の本のみならず、外国《とつくに》における まで、その思想哲学の根底をなすなり。それより後《あと》のことは、これさらなることは、哲人たちの神界における草ぐさの者に任せるべしや。

これ、「肉の衣」の扱ひ方、「肉の衣」に対する視点、いよよこれ深き御法《みのり》を現すなり。これ「肉の衣」は、すなわち消えゆくものなり。「肉の衣」は消えざるべからざるや。これが「肉の衣」は、おのずと消えゆき、霊体に突き進むなり。

されば、ここにあるは、これ肉体の変化したるところの、霊体かすかに残りて、己が魂を包みける袋とのみなり。これ、「ハルミ」なり。人草のハルミとなりたる、その姿なり。

仙　人

しかしてここに、さらに不思議なり。そのハルミの上に「肉の衣」を着けたるあり。これを称して「仙人《せんにん》」といふなり。その「肉の衣」は、枯れたりと思わんずも、その中、若々しく若者の肉の体《からだ》なり。これまことに不思議なるかな。

これ「肉の衣」を賜るは、これが現世におきてその生活《わざ》なすためなり。これ眼《まなこ》閉じたる者のために、「肉の衣」あらんずや。

汝、いよよこれが大年《おおとし》「ナナヤの宮」に上がりては、これが「肉の衣」賜るべしや。汝これが「肉の衣」は、これ熊野大権現の御許《おんもと》至りて明らかとなり、その御衣《みころも》を賜ふなり。

ハルミ

吾れしかして、ここにハルミのこと伝へるなり。これハルミは、その「肉の衣」を落としたる後、魂とその衣を着たるままにありて、これが現世《うつしよ》、人草に観《み》えざるところにて、多《さわ》に生きておらんずや。

そのハルミは、これが現世《うつしよ》にありて、その人草を操《あやつ》り——霊界より操り動かしている——手の助けをなすなり。

さらにこれが、現世《うつしよ》におきて諸々の出来事を誘ひてあり。これ善きこともあり悪しきこともあり。すなわち人草にとりてまことに奇しき、各人《おのもおのも》の学びの上に奇しき、格別なること現すはこれがハルミなり。

ハルミは人草の世《よ》と霊界との間、これ自在なり。その姿は、如何にして眺めるやは、これ遠眼鏡《とうめがね》なり。

また、これが宮居［現世にある神社］の中、多《さわ》に働きてあるなり。

これハルミは、現世《うつしよ》と幽世《かくりよ》と問わず働かんずや。いよよハルミは、さらに大いなる、大いなる働きをなすなり。

「玻婁彌」の額

さらに伝へるは、これが真澄洞《ますみのほら》、畏くも木花咲夜姫命の著《あら》わされたる「玻婁彌《はるみ》」の御軸《おんじく》のあり。これ、木花咲夜姫命の「玻婁彌」なり。ハルミ［は］自在にそのことなすなり。

しかもこれがハルミは、これ人草の上自在に、重なることできるなり。ハルミはその人草の肉の中にスッポリと入《い》ることできるなり。これハルミなり。ハルミとハルミは、互いに観ることできるも、人草これ観ること能わず。

しかしてこれがハルミは、「ナナヤの宮」における「ハルミの世界」、これ大いなる宮居なり。草ぐさと学びてあり。汝また、この宮居に至るなり。

吾れハルミのこと伝へたり。

いよよさらに、正一位タケシツカサノ命より、学ぶべしや。［終］

十一、ハルミの働き、ハルミを造る理由

〈タケシツカサノ命〉のお言葉

正一位、タケシツカサです。正一位タケシツカサです。

貴照彦、いよいよ奇しびのところに来た。まことにもって立派であると言わざるを得ません。吾

れらが師・門田博治先生も、まことにお喜びです。そして、これからのことを色々と取り計らっておられることを伝えておく。

今、先生のことを伝えたけれども、かくの如くにこのナナヤにおきて、非常に重大な計画《はかりごと》の一つが、この真澄洞に対する啓示であることを伝えておきます。知っておいて欲しい。それだけ大事なことであるのです。

ハルミとは

さて早速に、この「ハルミ」のことについて伝えるとしよう。ハルミについて住江の大神様より、かなり詳しくご説明があったが、重ねて伝えておく。ハルミとは、この肉体を落とし、霊体と変化をし、そして、人間が本来持つところの一霊四魂の魂を包むところの皮と一緒になったものを、ハルミという。したがって、人間は誰であっても、ハルミとなることができる。誰でも作ることができるものであるのです。しかし、そのことを信じない者も、沢山おるのです。

死後の姿

この「肉の衣」は、ひとたび死んでしまえば、全く無くなって、いわば人間の魂だけになるが如くに思うかもしれない。けれども、そうではなくして、この「肉の衣」というのは、焼却［荼毘に］した後《あと》においても残るのであって、その皮の上にこびり付いて残るのです。これが、霊界に上がったとき、その皮の他《ほか》に肉体の香《かお》りを残すものとなるのです。肉体の香りを残すのです。ところがここに、修行を積んだ人間であるならば、その肉体の香りがなくなり、その皮を包むところの霊体は、まことに清《きよ》くなるのです。

これが、人間が死んで、あの世に旅立った後《あと》の姿であるのです。それを残念ながら、この世を離れて戻って来た者が無いから、見たこともないのであるから、あの世の己の真の姿を信じることができない。まことに悲しいことと言わねばならない。

これをどうしても、汝が成就をしなければならない。これもなさねばならない使命の一つで、仕事はまことに多岐にわたるのです。

ハルミは人間世界において人間と同じように動いている

さてそこでそのハルミであるが、住江の大神様は奇すしきことの数々をあげられたのであるが、一つはこの人間世界において、人間と同じように動いている、そういうことがあるということを伝えられたのです。しかし、このハルミを残念ながら人間の目でもって、見ることができない。

先に門田先生の記録の中に、ご神殿においてハルミを養わねばならないという問題があったことを、記録の中に見たことがあると思うが、そういうことも起こり得るのです。これは決して、決して稀《まれ》なことではない。できれば、当洞に本当に、そういうハルミをお祭りできるといいと思う。しかし一方において、このハルミというのは、色々とこの現世《うつしよ》においてお世話をするというのは、大変なところもあるのです。

ハルミの仕事

そこで、ハルミは現世《うつしよ》の中において生活をされることもあるのです。この、人間世界において動いておるのです。

本来、与えられておる人間の使命に対して、その上に急激な変化というものを起こし得ることがあるのです。政治経済あるいは、自然現象によって変化をすることがあるのです。そういう時に、ご命令を受けて、多くのハルミが動き出すのです。これは、ひとり明魂、明神衆あるいは、神々のみが行うということではなくして、そこにハルミも介在するのです。

さらにこのハルミは、この人間の肉体の中にまで入ることができるのです。そして、その人間を色々に誘うわけです。

特に、この芸術家が得意なる作品を成し遂げる。あるいは、スポーツの選手が一つのことを成し遂げる。そして、記録を出したり、また、勝利へ導いたりと、いろんなことがあるのです。もちろん政治の世界の中においても、経済の世界においてもあるが、そのような時に、ハルミを格別に送り出されることがあるのです。

守護神と共に動くことがある

しかも、このハルミは、守護神と共に動くことがあるのです。ハルミは守護神と共に動く。これは汝においても同じことです。一つの役割を持ったハルミが入《はい》り、そして色々なことをなされるのです。

会社などにおいて一つの役職に就いたとき、その役職から離れると寂しくなることがあるということを、聞いたことがあると思う。また、感じたと思うけれども、まさにこれなども、その一つであるのです。

守護神は、それぞれ人間に入《はい》り込んで草ぐさのことをなすが、ここにハルミをその手代《てだい》として送ることがあるのです。その人間に対して、どんどんとエネルギーを送るのです。それは、ハルミの為せるわざであるかもしれない。

また、ここに掲げてある畏くも木花咲耶姫の大神様のお書きになられた「玻婁彌」の額は、その肉体を被《かぶ》らないままでハルミのお書きになられたものであるのです。

これが、草ぐさのハルミの為せることであるのです。人間と神様との間に、正位の明神や正位の龍神たちが介在するだけでなく、あるいはまた明魂たちが介在するだけでなく、ハルミもそこに、普通に一役買っておるものです。

「ハルミ神学」

このような仕組みでもって、人間というものは、その人生を送っておるものであるのです。この度特に、心に留めねばならないことは、こういうことであるのです。すなわちこれが『ハルミ神学』である、あるいは、「ハルミ霊学」と言ってもよいものであるのです。

これは、その人間の持つ使命、与えられた仕事であって、ここにハルミが関わることは、事別けて本人の持つ魂の思いとは関係なく行われるものです。その人間に与えられた使命を、ハルミが行うのであるのです。

そのようにハルミというのは、まことに大きい働きをなされるのです。

「玻婁彌神火祭」は「ハルミ人間」を造る

今、真澄洞の節分祭を「玻婁彌神火祭《はるみじんかさい》」といい、大山祇の大神様が先に告られたように、この「玻婁彌神火祭」は「玻婁彌人《はるみと》」（ハルミ人《と》）を造るための祭典であるのです。「と」といえば「人」ということで、要するに「玻婁彌人間」を造るということです。この人間霊界の中において、ハルミとして仕事をするところの者ということであるのです。

そのような人間を造ろうとするのであるが、すなわち、その人間の「肉の衣」をできるだけ薄くして、霊界に帰った時に動きやすくしてやらねばならない、ということがあるのです。もちろん、その人間の御霊を浄化《きよめ》てからのことであるが、そうしてナナヤの宮に入《はい》らねば、「ハルミ人《と》」としての勤めはできないのであるのです。


これからの真澄洞は、今少しその人数を増やして、次の世界に向けてハルミ人を増産して欲しいものです。なかなかに、ハルミというものは生まれ難《がた》いのであるのです。

自動書記、発声現象

今一つ伝えるならば、自動書記というものも、実はハルミのなせる技でもあるのです。かく言えば、常日頃に自動書記を行う汝にとって驚くかもしれないが、そのハルミが、我々明神衆、あるいは神々との中間に立って行うのです。もちろん、ハルミだけではない。我々の明神衆が分身を出して、ハルミとして書かせるものです。

正位の明神衆は、分身としての雄走りを出すことができますが、その雄走りは詔を伝えるのです。その用を務めながら、さらにここに、ハルミをも送り、天と地の両方で相俟《あいま》ってこれをなすものであるのです。

自動書記だけではなくしてまた、この発声現象においても、同じようなことが行われるのです。まことに不思議であるのです。


ならば、ここに霊的に霊眼を通して見るもの、あるいは、聴くものは何であるのかということが問題になります。これは少しだけ異なるものがあるが、人間を介在していなければできないことであるのです。このことは少し置きます。

そのように、書き、また声に出す、これは人間の動作の必要なものですが、耳に聴き、目に観ることは、そうではない。これが二つの違いになるのです。

ハルミの学び

このように、ハルミというものはまことに大きい働きをされる。

このハルミというものは、如何ほどの人数の集団であるのか、あるいは世界であるのかということが問題になるが、これは、それぞれであるのです。それは、必要な時に、必要なように作り出す。そして、ナナヤにつながるところのハルミの世界から、その人数を送り出すのです。

今一つ言っておきますと、ハルミを人間世界に送るということは、いわばハルミが、この人間生活においで学びをするということにもなっておるのです。ハルミの学びになるのです。

　こうして、古くからのハルミは、次第に明神や龍神に上ってゆくのであるけれども、霊界での学びだけではなくこうした人間世界での学びがあって、その言葉を理解し、話をすることができるのです。そうしなければ、古き明神・龍神たちは、その言葉の名残はあるけれども、理解することができないのです。

　一言《ひとこと》で、ハルミの仕事のすべてを伝えることはできないけれども、このように、人間と神々との間に明神や龍神の他《ほか》に、ハルミが介在しておるのです。そのことを知って欲しい。それが「ハルミ霊学」であるのです。

門田博治を誕生させた理由

　この「玻婁彌」を、木花咲夜姫命が、特に門田博治先生に与えて、すでに六十年以上の昔になるが、今、これを明らかにされようとしていることに、意味があるのです。

　それは人間が、神々といよいよ離れたところの生活をなそうとする。そのことに対する憂慮《ゆうりょ》であるのです。

　そこで、何としても、そのような人間を神々のもとに引きつけておかねばならない。その働きをするところのハルミを造らねばならない。これが、お姫様が真澄洞門田博治を産んだ理由であるのです。

それまでは、先行の『神道天行居《しんどうてんこうきょ》』においても、『生長の家』においても、このハルミのことを知ることがなかった。しかしここに、そのことを明らかにしようとしたのです。「玻婁彌」の言葉が降《お》りてすでに六十年余りを過ぎたが、そのような理由があったのです。

もちろん、門田先生がこの地上に御霊落ちする前からの計画であって、それらがようやく少しずつ、この現世《うつしよ》に根づこうとしておるのです。まだほんのささやかな世界であったけれども、そのハルミというものを公にして、そのような考え方を、多くの人草たちに知らしめてやりたいというお心であるのです。

人間に対する憂慮

人間はまことに真に、神々から離れた生活を送っておるが、これを憂慮せずにおられようか。人間は神々の子供である、御子であるのであるのです。こうして、真澄洞に「ハルミ神学」が降《お》りた理由も、少し語ることができて嬉しく思う。

さらには、後《のち》ほど、続けて話したいと思う。

十二、ハルミの仕事、熊野大権現

正一位タケシツカサです。正一位、タケシツカサです。

ハルミは明神位に就くために

早速に、先ほどの続きを伝えます。ハルミというのは、そういう意味において、この人間世界また幽界において生活《せいかつ》をする御霊であるが、人間世界を経験してきておるだけあって、人間に対する指導においては大変よく理解をし、細かいところまで行き届いた指導ができるものです。そういう意味において、まことに有り難い存在であるのです。

先ほど申したが、古い時代のハルミもあるということを伝えたが、このハルミというのは本来において、明神位に就くために、あるいは明神クラスの御霊が、修行のためにするものです。したがって、ハルミには、あまり古い御霊というのは存在しないのです。せいぜいで五十年迄であって、百年というのはほとんどないのです。

このように、古い御霊のハルミが指導する場合は、これはほぼ明神で、あるいは正位の明神であろうと思う。人間［世界において学んでいる］が故に、今の時代に対応することが、非常にやり易いわけです。

そしてまたここに、明魂の年代というのは、比較的に若い御霊であるのです。あまり年のいった御霊のハルミはいない。これは、宗教者でない限りにおいては、「肉の衣」の穢れの多さからくるものです。したがって、若くして現世《うつしよ》を去った者たちが、その任に当たることになるのです。それが、明神の位《くらい》への修行になってゆくわけです。

これは、御霊が霊界に帰り、その世界において修行をします。明神位への精進、明神位への昇進ということがあるが、その明神位へのことは、ほぼこの明魂のハルミが担うのです。

また、それぞれに「ナナヤの宮」へ入った御霊であるとはいいながら、飛禅天《ひぜんてん》のような飛ぶことのできる、軽快な御霊でなければならない。このことも、知っておかねばならないことであるのです。

ですから、この人間世界は比較的にこのハルミが沢山に行き来をしておることを知っておくのです。これは大事なことです。

ハルミの食べ物

そこで、このハルミについて草ぐさと伝えて来たけれども、これら御霊やハルミたち、殊にこのハルミは、どのようなものを食《しょく》して生活をしているのかということです。人間の世界に降《お》りた時には、ほとんど物を食べることはない。幽世の世界にある時には、そこで設《しつら》えたところの物を食べ、また神々へのお供え物をいただくのです。頂戴するとはいっても、そのものを食べるわけではなくして、その霊的なるものを賜るわけです。

特に好物は米と塩である。米と塩というのは、ハルミにとって己の精進を助けるためのものです。また、エネルギーを取るところのものでもあるのです。水もいただかれる。水も賜ります。しかしほとんど、人間世界に降りている時には、これを摂《と》らない。それは、己のハルミの霊体が穢れるからであるのです。

こうして、その任務を務めることによって、その己の穢れを落とし、精進をし、すぐにそこに明神としての御位《みくらい》が待っているものです。

正位の明神のもとに講義を受ける

また、そのハルミたちは、ナナヤにおいて一つの生活《なりわい》をなし、そして、学びを行っておるのです。今、人間世界に現れておるところの書物だけでなく、古今東西すべての書物が手に入るのです。しかし大体において、一つの手続きのもとに順番に読むことと相成っています。

さらに、神々の世界についてのことも、正位の明神のもとに講義を受けることとなっているのです。このナナヤの宮に入《はい》り、ハルミとなった者は、そういう意味でまことに忙しく、慌ただしい生活を送ることとなるのです。

人間の肉体の中に入《はい》るとはいえ、一つの法、方法があるわけであって、それらも、マスターしなければならないのです。

法事など

また、己の親族・肉親との関係です。法事のような時においてはその御霊が行くわけであるけれども、その他《ほか》において、例えば、そのハルミがお墓まいりをするというようなこともほとんどない。なぜなら、お墓まいりをするということは、己の霊体が穢れるからです。

また、法事においては、そこに御霊が呼ばれるから行くのであるけれども、それはハルミではなく、御霊です。

このように一年、二年、三年、あるいは、五年ぐらいでハルミとなることはできない。駆け足でもって、ハルミとなることはできない。格別の場合であれば別であるけれども、そのように早くハルミを成就することはできないのです。

したがって、ハルミというのは、人間が現世《うつしよ》を去って、十年から遠くまでいって百年までの間のことです。百年以上にハルミを続けることはまずないのです。

現世に生きている人間がハルミを出すことができる

ハルミは、このように草ぐさの働きをするのです。

ここにすべての人間がハルミとなることができると先程言いましたが、この現世《うつしょ》に生きている人間もハルミを出すこともでき、分身を出すことができるのです。それは己のハルミです。

すべての人間がハルミになることができると言ったのは、死んでからのことであったが、生きて居る人間がハルミを出すことができるのです。それは、おおむねに分身です。多くを出すことはできないが、ここに一人でも出すことができれば、まさに立派なものであろう。

秘かに熊野大権現を祈らねばならない

これについては、最後に畏くも熊野大権現よりお言葉があるので、それを大事にして欲しい。

熊野大権現というのはあまり表に出て来られないので、当洞においても、御霊を救い上げられるというまことに奥のほうの役割であるように思っているけれども、そうではない。少しずつこの熊野大権現のお役割が、汝の上に現れてきておるけれども、確かに、確かにわかり難《にく》く、あまり多くを語られていない。けれども、この人間世界、現世《うつしょ》の上において大きいお働きをなされるのは、熊野大権現であられるのです。その上に、ナナヤの大神様が草ぐさの采配を行われるのです。人間の根幹にあたるところ、根底にあるところは熊野大権現すなわち、須佐之男命様であると思ってよいのです。

よって人間は、真澄洞においては、天照大御神と大国主の大神様をお祭りすべきと伝えてあるけれども、秘かに熊野大権現を祈らねばならない。じっと隠れて、目立たぬ世界を作っておられるのです。広大な世界であり、汝が観ればわかるであろう。

熊野大権現は人間の穢れを清浄に導き独り立ちをさせる

草ぐさのことを述べてきたけれども、今ハルミのところで、何故に熊野大権現のことを申したのかといえば、その「肉の衣」に対して、大きい影響を持たれるのは熊野大権現であられるからです。

人間の修行ということにおいて、現世《うつしよ》あるいは、幽界に帰っても、熊野大権現を外したところの行《ぎょう》は存在しないのです。己の持つ穢《けが》れを清浄に、清浄にと導き、独り立ちをさせようとするものが熊野大権現です。熊野大権現は、人間の御霊の落とした穢れを受け取られて、そうして、新しい、新しい人生を送るように、それらの御霊を導くのです。

ハルミは、ナナヤに入った者であるけれども、ナナヤに入れずに幽界冥界に呻吟する御霊は多《さわ》に居るのです。その上に対して、熊野大権現の大きい力を賜って、それぞれの生活をしているのです。一日も早く、ナナヤの門に入ることができることを願っておるのですが、なかなかこれができぬのです。

さていよいよ、これで終わりとするけれども、明朝また、住江の大神様からどのような話があるか。楽しみにするがよいであろう。

十三、大神様のお言葉

〈住江大神〉のお言葉

吾れは住江大神なり。吾れは住江大神なり。
吾れ嬉しや貴照彦。

「十言神呪」第三・第四のこと

吾れ、こたびの行《わざ》におきて、「十言神呪」第三のこと、第四のこと、またそれぞれの裏のことにつきて、吾れ汝につぶさに伝へたりや。

吾が詔は、こたびにおきて一区切りとなして、明《みょう》「厳の神」の大御祭りにおきて、畏くも熊野大権現、すなわち、須佐之男命、さらに不可思議なる幽界《かくりよ》の世界につきて、また、「肉の衣」の扱いにつきて草ぐさと詔くださんずや。

「十言神呪」第三の裏・第四の裏は畏くも須佐之男命の御許に

汝、すでに述べたるが如くに、地球《ちだま》の上の諸々の物、また人草と、これが万物《よろずのもの》なべてここにあるは、これ、奇すしくとも熊野大権現の御許《おんもと》にありしことなれば［なり］。

これ、「十言神呪」第三の裏、第四の裏、なべてこれ、畏くも須佐之男命の御許《おんゆるし》なければ成就せざるものなり。ここに初めて、その「肉の衣」を草ぐさに使はんずの、その許しのあらんずや。

病などは熊野大権現に縋る

しかして、「肉の衣」に病や、草ぐさのことある［とき］は、熊野大権現に縋《すが》りまつるなり。これ草ぐさの肉の病、草ぐさの精神の病など、これなべてあり。さらに、御霊の向上を願ふまた然《さ》なり。

しかして、このこと――草ぐさの病の――癒えた暁に、己が内に鎮まりし、おのもおのもの御霊の健やかとなるなり。

深き「紫の法」

いよよここに、大いなる「御法《みのり》」の真澄洞にくだりしは、まことに目出度しや。しかしてさらに、「紫の法《のり》」、草ぐさに熊野大権現よりさがりてあるは、このことならんずや。

されば、さらに深き「紫の法」、これくださんとするは熊野大権現なり。汝これ、感謝、謹《いやまい》しみて賜るべしや。

吾れ「十言神呪」、麗しく伝へたりや。真澄洞弥栄《いやさか》にてあるなり。［終］

―いつもどの様なお言葉がさがるか、受け取れることができるのかと、心配しながらの行です。おおむねにここまで来たことに、安堵をするばかりです。すでに後半に熊野大権現のお言葉のあることは知らされていたが、そうであったかと、ここに来て初めて、得心する次第です。―

十四、「十言神呪」哲学の広大さ、新しい『古事記』

〈アキヒイラギノ命〉のお言葉

正一位、アキヒイラギでございます。正一位アキヒイラギでございます。

住江の大神様の詔が終わった

石黒さん、住江の大神様の詔が今朝《こんちょう》で無事に成就をされまして、まことにお目出とうございました。

「十言神呪」哲学の広大さ

この度の行《ぎょう》において、「十言神呪」の大きい枠《わく》が決まり、そうして、その裏側のことが良くわかり、まことに目出度い行であったと思います。

まだ裏の組立てについては、宿題が残されていますけれども、これはまた、時間をおいて、明神衆の言葉を書き取りながら、考えていただくといいと思います。

しかし、この人間の世界というのは、本当に広いようでございますけれども、もっと広く、広く、外に拡がり、一方で、人間の内部に、内部にと小さい所へもこれが深まってゆくわけでありま す。大きい所、小さい所と、それぞれ不可知、あるいは、不可思議といってよいのでしょうか。そのような世界のことを、この「十言神呪」というのは、述べておるわけであります。まことに不思議な世界を持つ哲学でございます。

『神界物語』の驚き

『神界物語』は、「十言神呪」の世界観を持ちながら、たとえ信仰に携《たづさ》わらなくても、この思想哲学に浸りながら学問に進みますときに、そこに自《おの》ずから「十言神呪」の世界が染み込んでまいります。ですから、この「十言神呪」の世界を現在《うつしよ》の中に植え付けてゆくということは、大変重要なことであるのです。どうかこれを一歩一歩進めて、完成をしていただきたいと願います。

大神様たちからいただいたお言葉の中にも恐らく、公にできないようなところもございましょう。けれども、次の『神界物語』は、『十言神呪』の三冊ほどの内容があろうと思います。それらをぜひ、順次公にしていただきたいとただただ願うばかりであります。この『神界物語』が公にされますと、この人間世界で、神事《かみごと》に関わっておられる方々は、本当に驚くことばかりであろうと思われます。

「十言神呪」の後半において、深い「十言神呪」のお話がございましたが、これは非常に微妙な話であり、内容でございますので、然《しか》るべき所にてきちっと賜るといいと思います。ですからこれは、今回の『神界物語』の中には入らないと思います。また、この深い「十言神呪」は、公にするものでもございません。

「肉の衣」は須佐之男命様の御手の中に

さて、今日の住江の大神様は詔の中で、大変重要なことをお伝えになられたわけであります。人間の「肉の衣」を扱うところのすべての問題が熊野大権現すなわち、須佐之男命様の御手《みて》の中にあるということでございます。

この肉体を、どのように変化させてゆくのかの、すべてのこと。もっと卑近《ひきん》にいえば、この肉体の上に起こるところの病《やまい》のすべて、肉体的なことであっても、精神的なことであっても、霊的なことであっても、これらのすべてが、須佐之男命の大神様の司《つかさど》られるところであるということでございます。住江の大神様が、御自《おんみずか》らそのようなことを申されるということは、まことに稀有《けう》なことにございます。

すべての法則は住江の大神様から

その一方において、畏くも住江の大神様は、この人間の世界の不可知なところの、不可思議なるところの、すべての世界についての法則を司られるわけであります。

その法則が、住江の大神様から届かない限り、すべて、イナルモノが紛《まぎ》れ込んでおると思わねばなりません。すべてが住江の大神様のご支配されるところであり、直接に関わっておられるのであります。――イナルモノによって歪められることもあるので、注意しなければなりません――

そういう意味において、この現世《うつしよ》を含めて、全大宇宙における真理は住江の大神様でございます。一方で、この地球の上の我々人間が見るところのすべての世界の支配は、熊野大権現がこれを行っておられるわけであります。

大国主命と須佐之男命

それでは、大国主の大神様は何をなさっておられるのかというと、この物質的なものの上の霊的なものを、霊体すなわち御霊として、人間との、あるいは、生き物との関係として大きく司っておられるのであります。そしてまた、国土ということも司っておられます。

しかしこれは、人間の見るところの物質的なものであり、これをどのように変質・変化をさせて行くのかということではございません。これは、須佐之男の大神様の御心の内にございます。

新しい『古事記』

この『古事記』を眺めますと、須佐之男命さまは、高天原から追放されまして、数々の刑を受けながら、この地上に降《おろ》されるわけであります。けれども、その罪を贖《あがな》って降《くだ》られるわけでありますけれども、これが非常に変質されたところのものになっております。

『古事記』の中の神々の動きというものを、昔に遡《さかのぼ》って、正しく記すということが、大変重要であります。これも、石黒さんがなしておかねばならないお仕事であろうと思います。その遠眼鏡の上に現し、ぜひ、『古事記』ではなくして、新しい『古事記』として、訂正されたところの「神産みの物語」を記して欲しいものでございます。このことは次の、『神界物語』の後編における、一つのテーマとなってまいりましょう。

変化・変質させる方法・法則が「ムユの法則」

そうして、今日の須佐之男の大神様のお働きの中に、それを変化させ、変質させる方法・法則、法《のり》こそが、「ムユの法則」であります。

この「ムユの法則」を賜い、きちっとなすことによって、己の肉体は霊的に変化をし、草ぐさのまことに珍しい様子を現すことができます。すなわち、奇跡でございます。そういうことも、見せてやるといいと思います。

次の「紫の法」

そうして今一つ重要なことは、熊野大権現が、次の「紫の法《のり》」を与えるということでございます。先に、私たちの師でございます門田先生が熊野大権現より「紫の法」、いわゆる、「紫法十法」を賜ったわけでありますが、それについて新しい「紫法十法」を伝えたい。これにはどうしても霊眼を開いてもらわねばなりません。霊眼が開けば、いろんなものがわかるわけでありまして、もっと深いところに入《はい》り込むことができます。どのような、新しい「紫の法」になるのかは、楽しみにしていただきたいと思います。

まことにこの二つ、住江大神と熊野大権現―須佐之男命―が、この現世《うつしよ》の中で、大きいお力をお持ちであられるのか。そして、真澄洞に次の新しい「紫法十法」を降《お》ろされるのです。そのようなことをお考えであられるということが、今回の大きいテーマでございます。

すでに度々に話がございましたように、石黒さんに、霊眼をお授けにならなかったことは神様の意図されたことでありますす。どうかそれは焦らずに、じっと待っていてください。ひとりでにそれは開かれます。もうそんなに遠くないと思いますので待っていてください。何かの拍子にふっと現れてまいります。

今日は、そのようなことを取り敢えずお伝えいたしまして、今夕はさらに、別のテーマで少しお話ができたらと思っております。しばし休憩の後《のち》にお待ちになってください。

十五、産土大神、自然災害、『神界物語』の出版

正一位アキヒイラギでございます。正一位アキヒイラギでございます。

産土大神

この日の本においては神々がお働きになっておられます。まさに日本列島のそれぞれには、その土地を支配される神々がおられ、また、小さな島々にありましても、同じように支配をされておられる神々がおられるのでございます。

それはすべて、人間がこの地球の上に生活をする限りにおいて、お役目を与えられておられるのでございます。それらを称して、アニミズムとも申しますけれども、その通りでございまして、まことに不思議でもあり、何んでもないことでもございます。

外国《とつくに》に行きますと、それではどのようになっておるのかと言いますと、外国においてもやはり同じでございます。

必ずそこに、神々が支配をされておるわけであります。それぞれの土地には長い歴史の間《あいだ》に直接に支配される神々が変更してきております。しかし、その土地土地の神々がおられるわけでありまして、その上を束ねておられるその国の神々がおられます。そして、ナナヤの会議にお越しになられることもあれば、重要な時にお越しになられる、そういうこともございます。

須佐之男命の許にある

何れにしても、大変な数の神々がそこにお働きになっておられるわけであります。それらの土地や、病気や、商売や、あるいは、政治経済などの、この現世《うつしよ》におきます色々な問題は、すべて須佐之男の大神様の支配下にあるものでございます。

今、政治経済と申しましたけれども、これはちょっとだけ違いますけれども、その他《ほか》はすべて須佐之男の大神様——熊野大権現——の支配されるところでございます。

特に、ヨーロッパにおきましては、元々《もともと》、そういう神々がおいでになられましたけれども、キリスト教の入《はい》り、次第に伝播《でんぱ》するにしたがって、キリストの教えによって浄化されたものが、その土地土地に貼り付けられております。しかしその上に、神々がおいでになることはもちろんであります。そして比較的、そのキリスト教の教会の神々が、そこを氏神様のような形で支配をされておるわけであります。

このように、他《ほか》の宗教においても同様でありますが、キリスト教においては特に密接になっております。特にヨーロッパにおいては、そういうように神々は張り付いておられますけれども、これらはすべて須佐之男の大神様の御許で行われることでございます。

新型コロナウイルスなど自然災害

そこで、今回のこの新型コロナウイルスについて申しますと、いわばそういうようなその土地土地の神々の御許においても、お許しを得ながら行われたのであります。一人ひとりの人間というよりは、人類としての罪を背負いながら生きておるわけであって、その贖《あがな》いのようなものが、こうして現れてくるわけであります。

しかし一方で、自然現象と申しましょうか、大きな災難が起こります。地震や、地震の津波によって、多くの被害を受けたりします。けれどもこれらは必ずしも、その罪であるというわけではなくして、そういう使命《さだめ》のもとに生まれて来ておるわけでありまして、こうして人間としての罪穢れを落としてゆくわけであります。

人間というのは、そういう意味で、大変不思議な存在でございます。そのことは、この日本においても、東日本の大震災やら、あちこちでの地震など、多くの災害がございますけれども、それらはすべて、そういう問題の中に入ってまいります。

原因を外に求める

それを、そのようなことを思わずに、その原因を外に求めるわけであります。あれが悪いこれが悪いと言って、生き残った人たちは原因を追究するわけであります。起った後《あと》では、その追求も悲しいものになりますが、一方で、その許で多くのことが修正をされていくわけであります。ところがここに、修正をされても、また同じような問題が形を変えて、必ず起こってまいります。

今度のこの新型コロナは、日本の全国において大きく流行っておるわけですが、こうして、その人間の持つ業《ごう》を落としていくわけであります。悲しいことですけれども、こうして人間の持つ業を落としてゆくのです。東京にも直下型の地震が起こるのではないかと危惧《きぐ》されているわけですけれども、そういうようにして因縁を落とすことによって、災害が少しずつ弱められてゆくことになります。

こういう災害のある時に、ハルミが活躍をするわけであります。平素は、何事もなく、人間に、そのままに生活をさせるわけでありますが、このようなときに、ハルミの出番があるのです。

人間は己の外を見るのか内を見るのか

そこで、人間は、己の外を見るのか、内(中)を見るのか、どちらが正解であるのかということを問わねばならないのであります。もう答えはおわかりの通りに、本来は、己の内に問うべき問題であるわけです。

これを外に問うということは、いわば政治的な考え方になるわけであります。内《うち》に問うことこそ、これが「十言神呪」の大きい意味合いでございます。すべて、外に問うのではなくして、己自身の内《うち》に問わねばならない。

もちろん生きていく上において、最小限のこの外に対する指摘をし、助言をし、それを助けあってゆかねばなりません。けれども、それを行き着く先にまで追い求めてはなりません。必ずどこかで折り合い、その上で、己自身に問わねばなりません。そのような考え方の哲学を与えるものが「十言神呪」でございます。

ですから、この「十言神呪」は、その本来の意味から考えて、これを大々的に宣伝をしながら広める必要は何もございません。そっと、その種《たね》を撒《ま》いておけば、必ずそれを拾《ひろ》う者ができます。拾うことのできる者が、己の心の中に反省をするものでございます。

『神界物語』は宣伝をしなくてもよい

何を申しておるのか、おわかりになると思います。この『神界物語』をどうか一日も早く、上梓、出版されることを願うものでございます。けれども、これを大きく華々しく広告を出しながら、大きく広めようとする必要は何もございません。どうか、今まで通りにそっとやってください。

いずれ、この『神界物語』が再編集をされ、大きく日の本の底辺の中に根付いて行くはずでございます。ですから、その心の中を修めるにあたり、静かにそっとその種《たね》を撒《ま》いてください。
今回のこの行だけでなく、この数年の詔をすべて公にする必要は全くございませんけれども、次の熊野大権現の詔なども、これは真澄洞の上にとって大変大きなものでありまして、公にする必要はないものと思います。

そして、そういうようなものは、この『神界物語』に興味を持った者が、「十言神呪」に浸《ひた》り、そして必ず真澄洞を訪《おとな》う者になろうと思います。どうかこの『神界物語』を一日も早く公になしてください。

世界の財産となる

そして、これらすべてを貴照彦さんがお書きになられたものとして、この文章を大きく手直しをされて、内容の変更することなく手直しをされて、お出しになられることを願います。
これは、本当に日本だけではなくして、外国にまで大きい財産となります。その印税が真澄洞にどれだけ入るのかどうかは、わかりませんけれども、どうかお願いをいたします。

こうして「十言神呪」のこの世界は、大きく大きく、そして極小に至るまで解いてあります。それを述べてください。

中品の「十言神呪」の解説を公に

ここで最後に、正一位マノミチノリ明神より賜りました――中品《ちゅうぼん》の――「十言神呪」の解説でございますけれども、これもどうか、今一度これを読み直し、噛《か》み砕《くだ》いて、公にされることを願います。まことに難しいものもございますけれども、必ずできるものと思っております。

そうして今一つは、正一位明寶彦先生にお願いをいたしまして、下品のための「十言神呪」の第三の組立て、解説でなく、中品の者に対する第三の「十言神呪」の解説を、ぜひお願いをしてみてください。これがまた、「十言神呪」の上に大きい光を放つはずでございます。

そしてまた、この第三の裏、第四の裏についての、中品に対する解説も賜るとよろしいと思います。それらがまことに、この日の本だけでなく、地球の上においてダイヤモンドのごとくに輝いてまいります。できればそれを、来年の春の行としたいと願っております。明寶彦先生とマノミチノリ明神さまに、どうかお願いをなさってみてください。また、大きい大きい世界が開けましょう。

しかしともかく、この熊野大権現のお導きをいただかれて、さらに霊体を向上させて、夏に向かってゆきたいと思っております。すべて我々にお任せをいただきたい。そのように思っております。少し先々のことまで伝えましたけれども、どうかご精進くださることを願っております。

《前半》令和三年四月十一日から四月十三日
《後半》令和三年七月二十七日真澄洞、令和三年八月一日より八月七日熊野本宮大社・旧社

【巻十三】熊野大権現のお言葉と明神のご解説

【巻十三】は、当洞に対して特別に授けられたものでございます。「守護札《しゅごさつ》」の謹製方法であり、それらのすべてを公にすることはできません。先に明神さまより、省いてもよいとのお言葉がございました。しかし、後のこともございますので、熊野大権現と明神さまのお言葉は可能な限り残してあります。また、「守護札」については簡潔に記してあります。（中略）は最小限にしています。

しかしそれらの謹製、造作にあったっては、熊野大権現の大神様の御前に額づき、ご挨拶をしなければなりませんでした。熊野本宮大社において玉串を捧げ、さらに旧社においてお言葉を賜ることができました。これは、三日間で分量も多くなく、巻を立てるほどではありません。

そこで、この二つを合わせ、一つの巻としました。《前半》は真澄洞、《後半》は熊野本宮大社・旧社として分けてあります。

《前半》真澄洞

一、大神様のお言葉

〈須佐之男命〉のお言葉

吾れ須佐之男命なり。吾れ須佐之男命なり。

汝真澄洞貴照彦、目出度しや。

吾が御許《みもと》にまつろいて、ここにあるはまこと目出度しや。吾が奇しき御霊のこと、またその上にかかる「肉の衣」のこと、これ畏くも住江大神、解き明かしたりや。これ、これが現世《うつしよ》における奇しき秘め事なり。その扉《とびら》を開けんずのこたびの行《わざ》なり。

ここに、その扉の半分の開けたりや。汝、まことに目出度しや。吾れ嬉しく嘉《よみ》したるなり。吾れここに、その扉を全開させんずと、告《の》らんずや。これ奇しき「ムユの法《のり》」なり。

汝《な》、吾が善言ありて、しかして、奇しき「告《の》り言《ごと》」ありて、身は「九歩《きゅうほ》の礼《れい》」を行い、御手《みて》振るとき、その肉の軽《かろ》くなり、しかして、その両の手振るとき、己が身《み》の体《からだ》の浮き上がらんずや。

さらにこれ、すでにタネオの命は、草ぐさの法《のり》を運びてあれば、いずれの法《のり》にても、これ神々の郷《さと》に至るなり。

されば、畏くもタネオの命、さらに吾が詔に続けんずや。

汝、吾れ、いよよ真愛《みまない》のとき来たるなり。吾れ嬉しや。[終]

二、奇すしき「玉手箱」

〈タネオノ命〉のお言葉

吾れはタネオの命です。吾れはタネオの命です。

汝貴照彦、今「厳神祭《げんしんさい》」の御祭りにおいて、畏くも熊野大権現、すなわち、須佐之男命より奇しびの大詔を賜りました。これは、「ムユの法《のり》」の伝授の印可なのです。

すでに草ぐさに伝えてきたこともありますが、その法《のり》のうちに付け加えることのお許しを、畏くも須佐之男命よりお言葉を賜りました。

この言霊によって、己が体《からだ》の浮くのを確かめなさい。吾れはすでに草ぐさに告《の》りてあるので、それを見なさい。

ここに、これが「ムユの法」を賜りましたので、いよいよここに「紫の法《のり》」をさらに賜ることになります。この「紫の法」は、明朝畏くも熊野大権現よりの大詔があります。これでもって、いよいよ明日《みょうにち》よりそのことについて運びます。

汝、この度の奇すしき行《わざ》は、まことに汝《な》が予期せざることばかりです。この度の「十言神呪」の組立てをもって、奇すしき法《わざ》のことがわかるでしょう。その組立てのことを奉答《ほうとう》しなさい。その後《のち》に、吾れまた奇すしきそれらのことを、解きほぐして伝えよう。

まことに、まことに奇すしき「玉手箱」を開けました。

今夕は、正一位トキツハナノヰノ命より、いよいよ深い「紫の法」について草ぐさと伝えます。

これはその序論です。

しかして、これ賜りて後《のち》に、熊野大権現の御許《おんもと》、すなわち、熊野本宮大社に参拝し、額《ぬか》づき平伏《ひれふ》し、玉串を捧げなければなりません。吾れ嬉しく思います。

三、次への準備

〈トキツハナノヰノ命〉のお言葉

正一位トキツハナノヰ明神でございます。正一位トキツハナノヰでございます。

石黒さん、断食もお疲れになりましたよね。お察し申し上げますが、今少しでございます。

「十言神呪」の組立てを大きく頂戴できたということは、大変なことでございます。すべて、この神々の世界の中におきまして哲学者たちがご実行をなされたもので、神々の賜物《たまもの》でございます。

先ほどは、タネオの大神様より、中品の「十言神呪」を今一度紐解《ひもと》いてみなさいというお言葉がございましたけれども、これはまた、微小な世界に向けての大変興味深い「十言神呪」でございます。人間の言霊と肉体との相互作用について、詳細に述べております。

中品の「十言神呪」

第四の組立てについて、――中品の「十言神呪」の解説を――とうとう最後まで貫くことができませんでした。少し生物学などを参考にしながらぜひ読み解いてください。これを噛《か》み砕《くだ》いてまいりますと、次の、第三の組立ての中品の「十言神呪」の解説がもっとわかろうと思います。これは、貴照彦さんのお師匠さんの明寶彦先生から賜られるとよろしいと思います。もう先生は手ぐすねを引いてお待ちでございます。

これらがまた、次の『神界物語』への序章となってまいります。次の『神界物語』でございます。――今回までの『神界物語』の次の――その、初めにつながるものでございます。

「十言神呪」は不思議な哲学

この「十言神呪」というのは、大変不思議な哲学でございまして、まことに縦横無尽《じゅうおうむじん》に解くことのできるものでございます。

それらのヒントは、かなり天津神々の世界から降りてくるものでもございますが、これをきちっと体系立てて、そこに説明を加えるのは国津神々でございます。人間世界において、特に秀《ひい》でられた哲学者でございます。日の本の方ばかりでなく、外国《とつくに》の明神さまも入っておられます。それは、日の本だけでなく、外国にまで通用するような哲学にしたいからでございます。

神々が大変お喜びになっておられるのは、石黒さんが出版をされました『十言神呪』の中に示されましたように、決してこうしなければならないということを、あまり強く出していないことでございます。そういう我田引水が無いからでございまして、そのことを大変喜ばれております。ですから、何方《どなた》でもこれを紐解き、己のものとすることができるわけです。そういう種まきをされておられるので、大変嬉しく神々が思っておられます。

「紫法十法」

さてそこで、いよいよ本論に入ってまいりますけれども、熊野大権現より門田先生が賜りました「紫法十法《しほうじっぽう》」というのは、まことに奇すしく効果のあるものでございます。石黒さんは、「紫法十法」についてきちっと伝授を受けていないわけであります。けれども、それが何処《どこ》に組み込まれているのかというのは、これからいただかれる、いわば深い「紫法十法」と言ってもいいようなものですけれども、これをいただかれると、門田先生がいただかれた「紫法十法」がどのように組立てられているのかということが、よくわかってくると思います。

「ヒトマ」と「ミヨマ」

真澄洞に使われておりますのは、護符《ごふ》の中の「ヒトマ」、「ミヨマ」というものでございます。これにさらに、「フタマ」、「イツマ」が付け加わってまいります。

これはすでに「十言神呪」を学び必然的におわかりになられましたように、人間の上にフタというものが大変大きい働きをもっていることが、おわかりになられたと思います。そこで、「フタマ」、「イツマ」という大変格別のものでございますけれども、これをどうしてもいただかねばなりません。

それは、護符をいただいた人間がご守護をいただくものです。明神さまや神様方の分身を頂戴して、その人間を守ることとなります。そういう意味で大変貴重なものでございます。

「緑の法」と「紅の法」

次に、貴照彦さんがご存知のものは、「緑の法《のり》」と「紅の法《くれないのり》」であります。

「緑の法《のり》」ですが、これは御霊を一時《いっとき》ですが、極楽に運ぶための作法であり、また、「紅の法」は、地獄にまで行って御霊を救い出そうという、極めて霊眼が要求されるものでございます。

「紫の法」「白の法」「黒の法」

さらに、「紫の法」としてございますのは、鎮魂に入る作法に使う方法でございます。

「白の法《のり》」というのは、神様を正確に誘うわけでございます。

「黒（玄《くろ》）の法」というのは、『特別玄符《げんぷ》』がございますけれども、この玄符の謹製方法でございます。草ぐさの「願い事」を記した「お守り」を作る方法であります。

深い「紫法十法」

ここに新たに賜ります、深い「紫法十法」と申しますのは、これまでの「紫法十法」に対して、それを補うところのものが沢山ございます。ですから、これまでの「紫法十法」の上に、これから賜りますところの深い「紫法十法」を合体させますと、大変効力のある「紫法十法」となるわけでございます。そういうものを、これから賜ろうというわけです。

フッキラのお守り

特に、すでにご承知の如くに、フッキラノ命さまのお守りを賜るようになっていたわけでありま す。――すでに昭和六十一、二年頃に門田先生から伝えられていました――これは、今の医学の技術の中において特に必要ないであろうと考えられて、今回のようなことになったわけであります。

今回、フッキラノ命さまが大変、大変貴重な熊野大権現の護符の作り方について、さらにお示しがございます。これが「黒の法」の『玄符』の上に重なりますと大変効果のあるものになります。

貴照彦さんが神様に、「もう少しお願い事をお聞き届けていただきたい」と話をされておられましたが、これがそれに答えるようなものになってこようと思います。

またさらに、この「緑の法」と「紅の法」つきましては、霊眼のいる法でございますので少し置くこととといたします。

節分祭の『祓符』

節分祭におきます『祓符《はらいふ》』でございます。これについては、今少し変更があるのではないかと考えております。それは、今申しましたフッキラの大神様のお考えでございます。

今少し『祓符』の作り方について、簡略になるようなものを考えておられます。この行が終わりますと、それらのことの全貌《ぜんぼう》がかなり明らかになってまいります。

この「紫法十法」はそういう意味で、この現世《うつしよ》に生活をされておられる方々の心を癒し、肉体を癒し、そして、亡くなった御霊に対してどのように働きかけをするのかという、大きくはこの二つのことがあるわけでございます。これらをどうしても成就をして、完全なものとして残していただきたいものと思います。

特にこれからありますのは、『祓符』を謹製した一人ひとりについて、遠眼鏡のようなものを備えて、それを導いてやらねばならない。そういうことも含まれております。

御霊の救済が急がれる

お亡くなりになられた御霊を慰霊することにつきましても、先にそれらの方々にお返しするものを用意するように伝えました。――節分祭で慰霊された御霊について、御霊のお名前を記して、供養札をお返しをする――これは大変重要なものでございまして、少し我々と一緒に何か、簡便な方法を考えてあげると大変いいものになると思っております。その御霊を少しでもいい方向に誘い、明るい世界へ導いてやらねばならないと思っております。

もちろん今のままでも、できないというわけではございません。けれども、より強く強力に、地獄に行った御霊も救い出してやらねばならないと思っております。冥界に呻吟《しんぎん》する御霊のますますに多くなることでありまして、その救済が大変に急がれているわけでもございます。

さてそこで、明朝は熊野大権現の雄走りを頂戴し、もちろん須佐之男の大神様でございます。明日《みょうにち》は、タケシツカサ明神がお勤めになられ、最後の日は、アキヒイラギ明神がお勤めになられます。正一位アキヒトラノ命様は、住江の大神様のお手伝いとしてあがられたわけでありますが、残りの二日間は、そのようにしてこれから、これから深い「紫法十法」へと進んでまいります。

今回は、明寶彦先生は、あまりにも貴照彦さんと近いからご遠慮をされましたけれども、来年はしっかりといただかれることになります。お疲れでございました。

四、大神様のお言葉

〈須佐之男命〉のお言葉

吾れは、須佐之男命なり。吾れは、須佐之男命なり。

汝、貴照彦、よくぞ吾が御許来たるなり。

吾れ真澄洞に、これ吾が許《もと》にありし奇《く》しき「紫法十法」を伝へるなり。汝これ、吾が宮居《みやい》におきて伝へんずものなれども、これ貴照彦すでに吾が御許にまつろひまつりてあれば、吾れここに伝へんずや。

汝これ、「紫の法《のり》」は不思議なる法《のり》もて、これ「肉の衣」を突き徹《とおる》の法《のり》なり。「肉の衣」を徹り、諸々の法《のり》の突き徹らんずの、ものなり。さればこれ、御霊の中にその法《のり》の届かんずや。

汝、今し告りし「いやめたし　すめらみくにの　はるけしき……」（入神歌）、これ春の日に雪の融くるは、「肉の衣」の融けゆく姿なり。これが神歌《かむうた》にあるが如くなり。しかして、「最後の衣」（御霊を包む霊体）の中に秘められてありし御霊の上にまで至るなり。

これ、生きておらんずの人草の上、身罷《みまか》りてありし御霊の上、いずれにも働かんずや。されども、その御霊の内《うち》を如何に整へるやは、これ「紫の法」なり。――霊体の上にも、肉体の残渣《ざんさ》（残りかす）のあることを思い出してください。――

さらに、「守護札《しゅごさつ》」としてもあらんず。御霊を「守護札」の上に招《お》ぎまつりて、「肉の衣」を落とさんずや。されば、その中に入《い》るなり。

汝、「肉の衣」を落すことあれども、さらに、その「肉の衣」を守らんずこともあり。「肉の衣」を、御世差しのままに動かさんずことなるなりや。

また、イナルモノを遠ざけんずこともあり。イナルモノを退《しりぞ》けては、己が道の平《たい》らかなり。

さらには、これ、己が身を包まんずさらに大きなる肉体を守らんずや。

これら奇しびのこと、数々にあらんずなり。

汝貴照彦、これら奇しびの数々、吾が御子フッキラノ命より賜ふべしや。フッキラノ命これにあり。吾れさらに、明朝来たるなり。（笑）［終］

五、「フタマ」「イツマ」

〈フッキラノ命〉のお言葉

吾れは、正一位フッキラノ命です。正一位フッキラノ命です。吾れ、貴照彦の大人《うし》を「厳の神（守護神）」として守り幸《さきは》えています。この度《たび》、奇しびの大詔を熊野大権現、すなわち、須佐之男命より賜りました。吾れ、その大詔を運びます。

「紫法十法」

まず第一に、「紫法十法《しほうじっぽう》」については、おおむねのことを大神様より伝えられましたけれども、さらに重ねて述べます。

「紫法十法」とは何んでしょうか。これは白より始まって黒に至るまでの十《とお》の奇しびな御法《みのり》です。

「フタマ」「イツマ」

「フタマ」の二つと「イツマ」、これらを如何に使い分けるか。これより草ぐさの「守護札」に、「イツマ」か「フタマ」の札《ふだ》を付けなさい。袋の外に名前を書いてよいのです。これは、「ヒトマ」、「ミヨマ」と同じです。

草ぐさの「守護札」、特に、特に病を得たる者に対しては、「フタマ」を付けなさい。すなわち、大国主命の「フタマ」です。また、天照大御神の「フタマ」は、これが現世《うつしよ》において、さらに向上せんと志《こころざ》す者に付けます。

入試合格の祈願などは「イツマ」です。

「紫」は清浄にする

次は、「紫の法」です。今、このご神殿を清浄にするために「紫の言霊」を使いました。紫の言霊はその所を清浄とするのです。

また、薄紫《うすむらさき》の小さい紙に熊野大権現と書き、所々に貼っておきます。これは、その所を清浄とするのです。ご神名はハンコでもよいのです。そうすれば、如何なるモノも、その結界の内に入ることはありません。入れば直ちに捉えられるのです。

六、「神籠石」

吾れは、正一位フッキラノ命です。正一位フッキラノ命です。

吾れ、貴照彦大人《うし》に引き続き伝えます。これは、須佐之男命の大詔です。

祓いの青

さらに続けます。青色のことを伝えます。これは「慰霊祭」を執行した後《のち》の敷地、神床を祓うのです。その手順は、空色、薄い青色の奉書紙に「キリツマ祓」のように記して、この紙に切り火の九打を左回り右回り左回りと打つのです。そのとき、その敷地、神床は元のとおりに清々しくなるのです。終われば、その奉書は「祓い物」として焚き上げます。

また、イナルモノが居る屋敷の家《うち》において行えば、その屋敷の家にあるイナルモノを浄めるのです。家々にあってはまことにイナルモノが多いものです。

「鎮め物」の造作

色々な「鎮め物」を造ります。これは、石を紺碧の奉書に包み、しばらく箱の中に入れます。それで鎮め物が出来上がります。鎮め物の出来上がるのは五十日です。霊気を感ずるような石であっても、その霊気がいよいよ強くなるのです。これが「神籠石《かごめいし》」の造作です。

また、「鎮魂石」も同じようにして造ります。

どのような石を使うかはすでにご承知の通りですが、さらに告りますと、その石は塩水と真水に漬けること一週間です。合わせて一週間です。その汚れを祓い、日毎《ひごと》に九打を左に右に左と打ちます。ここに清浄な石が完成します。

「鎮め物」の音

鎮め物の石に、どのような神様が来たことを見分ける必要のある時は、霊眼にて観なければなりません。

また、その石を振り耳にあてるとき、音が鳴ります。高い音や低い音があります。右の耳でも左の耳でもよく、石を耳にぴったりと付けても、離してもよいのです。

あるいは、石により音楽の聞こえることもあるのです。この音楽は霊界の音で、未だ聴いたことのない音楽、リズムです。もちろん、この霊音を聴くための作法があります。

七、幽界冥界に入る方法

〈須佐之男命〉のお言葉

吾れは、須佐之男命なり。吾れは、須佐之男命なり。

汝貴照彦、いよよ大佳き日を迎へたりや。

幽界冥界に入る法

吾れこれが大佳き日、幽界冥界に入らんずの法《のり》をくだすなり。

汝、幽界冥界、これ御霊どもおのもおのもに凝《こ》り固まりてありて、己が身の清々しく、天地《あめつち》をも己が体《からだ》なりしをこと知らずや。これまことに悲しとも、恨みともなすなり。おのもおのも、地獄の火に焼かれて、その火の消えんずとき、ここに己が身の清々しく広がらんずを悟るなり。

されどもここに、これが地獄の火は、つねに燃え盛《さか》るにはあらず。その時を選びて燃え盛るなり。

その火の収まりつつあるとき、神々の説教のありて、その御霊を救はんと、その霊《たま》めがけて、祈りの言霊を射出《いだ》すなり。その言の葉は「紫」なり。これ紫の言霊を「弥増《いやまし》」として送るなり。(中略)すでに伝へたるが如く、これフタへの祈りなり。フタへの祈り、これ病める人草どもの御霊のフタの力の足らざればなり。フタの威力の増さんずと、これ送るなり。

冥界の扉を開ける

されば、それが御霊に至るは、遠眼鏡にて眺め、その幽界冥界に入りて、至るなり。これ、幽界冥界の扉開けるは、同じく、紫なれども、この言霊を逆に回すなり。(中略)これもて地獄の扉の開《あ》くなり。これしばしば使へや。

しかして、遠眼鏡もちて地獄の扉開け、御霊を探すや。これ正一位フッキラノ命に聞くべし。

しかして、その御霊をしばし極楽に送るなり。これ「緑《みどり》の法」なり。また地獄に行くは「紅《くれない》の法」なり。

幽界に入《い》るは「黄色」なり。この黄色もて、これが幽界の平凡なる御霊の世界入《い》るなり。（中略）これ、「法絲《ほうし》」によりて救はれたる御霊の世界なるなり。これ、これ大国主命の司る世界なり。

「弥増」の紫の言霊

吾れさらに伝えるなり。これ弥増《いやまし》に紫の言霊を乗せて、「慰霊祭《みたまなごめ》」の御祭りにおきて、一柱一柱の御霊に送るべし。おのもおのもの御霊のフタの輝きて、その御霊の目覚めることあるなり。

またこれ、奥津城にまゐりしとき、その奥津城に弥増をかけるや。その御霊を救ひてあるなり。

汝、吾れ草ぐさと伝へたり。

汝《な》、吾が宮居《さと》にて、なが来たるを待つなり。ははは。吾れ嬉しや。［終］

八、「紅の法」と「緑の法」

〈フッキラノ命〉のお言葉

正一位フッキラノ命でございます。正一位フッキラノ命でございます。

真澄洞、貴照彦どのに、引き続き熊野大権現、すなわち、須佐之男命さまの大詔の解説をお伝えいたします。

この度の大詔は、大変奇しびなことが沢山ございます。これだけ奇しびな法《のり》を、術《じゅつ》を下《くだ》されるのはまことに珍しいことにございます。それだけに、貴照彦どのにご期待されるところが大きいものと思っております。このことは、守護神《いつ》としてお守りを申し上げている私にとりましても、大変嬉しいことでございます。

今日は、嬉しく「雄走り」――熊野大権現――が、お帰りになられました。

さて、早速に続けてまいりたいと存じます。

「紅の法」

まず、幽界冥界という世界に対して入って行く方法について、取りまとめておきますと、この「紅の法」でありますが、まずここに、紅の言霊を、くれない、くれない、……と、二息ほど唱えます。


「緑の法」

「緑の法《のり》」につきましては、これはもうそれで、ご承知の通りでよろしいと思います。

九、「経津玄符」と「綺羅玄符」

〈フッキラノ命〉のお言葉
正一位フッキラノ命にございます。正一位フッキラノ命でございます。
いよいよ今回の行の最後のところに至りました。うるわしく「十言神呪」の法《わざ》また、「紫の法《のり》」を滞《とどこう》りなく終わることになり、大変嬉しく思います。

「黒の法」

さて、いよいよ最後は、「黒《くろ》の法《のり》」でございます。

黒というのは「玄《げん》」ということでありまして、すべての色が混ざったという意味でもございます。

この「黒の法」が、真澄洞の「お守り」の基本的なものを含んでおります。

今真澄洞に、「ヒトマ」と「ミヨマ」でもって、色々なお守りを作っておるわけでございますけれども、それが「自動車守り」やら、「入学守り」でございます。もう、これで十分であります。

また、「病気平癒」や「安産守り」のようなお守りにつきましては「特別玄符」を作っているわけでありますが、実はこれが、「ヒトマ」、「フタマ」、「ミヨマ」と、三つの混合体からなっておることは、今までお話をいたしましたことから、わかって来たことと思います。


「経津玄符」と「綺羅玄符」


最後に、「黒の法」として伝えますのは、すなわち、「病気平癒」でありましても、特に奇しびなガンや、病名のはっきりしない不思議な病気や、なかなかにその処置によって治らないような病に対して効果のある「玄符」を伝授いたします。すなわちこれが、「経津綺羅《ふつきら》」の「特別玄符」であります。

これは「経津玄符」と「綺羅玄符」の二つを合わせたものです。

「フツ」というのは、おわかりの如くに、フッと息を送れば物が飛んで行きます。「キラ」というのは、そのことによって、そこが美しく煌《きら》めくわけであります。光る。その二つを合わせてフッキラでございます。

この二つを併せ持つことによって、その病が消えてまいります。すなわち、これが「水《み》」「火《ほ》」でありります。「すゆみほゆ」のミホにあたります。一つで成就しないことはございませんけれども、フツとキラの両方を持つことによって、偉大な力をもたらします。

またこれは、難病だけではなくして、まことに齢《よわい》を重ねるにしたがい現れてくる痴呆症などにも、同じように効果がございます。それは、肉体の働きを正常に整えるからでございます。正常以上に働かせることによって、効果が現れてまいります。肉体を一新するほどの効果がございます。

この二つを併せた「経津綺羅」の「特別玄符」を『経津綺羅守り』と申します。


しかしこうして、あの時から三十年を経て、ここに『経津綺羅守り』を、伝授することができましたことを大変嬉しく思っております。熊野大権現より、この『経津綺羅の守り』を、現世《うつしよ》に降ろすことを一つの目標として、貴照彦どのをお守りするべしとのご使命を、ご命令をいただいておりましたけれども、ここに成就しましたことを、私も大変嬉しく嬉しく思うものでございます。

いよいよこのお守りによりまして、多くの方々が病から解放されることを願っております。そのお守りの一つひとつに、熊野大権現よりまいりますところの、龍神たちがそれを見守り、「厳の神」としてお助けをいたすことに相成ります。――特別に、その御用のために一時的に守護神をいただくことです。――


なお、「入学守り」や「安産守り」は、これまでと同じでよろしいと思います。

この『経津綺羅の守り』は、奇しびな病にかかった時のお守りであります。脳溢血などで、半身不随になっておられるような方々に対しましても、その体を癒す効果があり、また、この新型コロナのような、まことに不可解な病に対しましても、その免疫力を高めて癒すことができるものでございます。

大いに使われることを願いまして、私の仕事を終わらせていただきたく思います。

お疲れでございました。

《後半》熊野本宮大社・旧社

〈明寶彦命〉のお言葉

正一位、明寶《あきみたから》でございます。正一位、明寶でございます。

今回の行の重要であることは、すでに十分におわかりをいただけておることと思う次第です。何ら迷うこともなく、ただ只管《ひたすら》に、我々の導きにあることを願っております。

熊野大権現の御前にて、十分な祈りを捧げてください。熊野大権現の鎮まりますこの地は、まことに多くの真澄神のお鎮まりになられる聖地でございます。神々のその御心のうちをご推察の上にどうかご参拝に上がってください。

すでに、十分おわかりのことと思いますが、身辺、危うくないような態勢を取りながら来られることを願っております。何ら心配なくお越しください。(令和三年七月二十七日)

右は、出発前に、正一位明寶彦先生よりいただいたお言葉です。

七月三十一日、名古屋より特急電車にて新宮に向った。台風の影響は、出る時は影響はないとのアナウンスであった。しかし、熊野市の手前辺りから遅れだし、新宮にはかなり遅れて到着した。熊野本宮大社に行く最終のバスにも乗ることができず、「蒼空ゲストハウス」までタクシーであった。また、四日は宿泊が取れなかったので、一日だけ湯の峰の「ゲストハウス」での宿泊であった。

十、謹製の印可

次からの正一位フッキラノ命のお言葉は自動書記です。大神様のお言葉はすべて発声です。

〈フッキラノ命〉の言葉

正一位フッキラノ命であります。正一位フッキラノ命であります。

こたびの行はまことに有り難く、嬉しく存じます。何よりもお喜びになられるのは畏くも熊野大権現さまであられます。

謹製の印可

先程の正式参拝でもって、先に伝授いたしました二種の「フタマ」、「イツマ」、さらに、「経津玄符」、「綺羅玄符」、『経津綺羅守り』などの全ての謹製の御許しを賜ることができましたので、まずもってそのことをお伝え申し上げます。

これらの「玄符」や「御守り」はまことに筆舌に尽し難いような奇しびなものがいただけるはずでありますので、それらを賜ってください。身近な方々から始めて、それらの効能をしっかりと確かめられるとよいと思います。奇しびのものがございます。

この『経津綺羅守り』ですが、これを「玄《くろ》の法」として、『経津綺羅玄符』とすることは全く差しつかえのないものであります。

さて、まずもってこのお守りのことを申し上げましたが、これからの行のことについて種々《くさぐさ》と申し上げますので、それに従ってください。

まずしばらく、この旧社において鎮魂をされ、その身を鎮めてください。正午再びここにおいて鎮魂をいたします。この時に変化があります。一時～二時間です。全てはこの時から始まると思ってください。一旦これにて切ります。

——第一回目の鎮魂は四十五分ほどであった。「北極の座」につき鎮魂に入る。引きつけられるものがあり、どんどんと入ってゆく。ここちよい風があり、おおむね涼しかった。

座っているイスを立たず、お水を一口飲み、第二回目の鎮魂に入った。大丈夫か心配したが、うまく定に入ることができた。涼しい風が入り心地良かった。十三時四十分頃から芝生刈りが入り、旧社がざわつく。午前中も芝生を刈っていたが、神様が十二時から一～二時間という意味がわかった。この芝生刈りのせいであったようだ。──

今回の行について

正一位フッキラノ命であります。正一位フッキラノ命であります。

大変貴重な鎮魂でありました。今回の行についてここで述べておきます。すなわち、今回のねらいは二つありまして、第一は、貴照彦さんの肉体の改造ということであります。すなわちそれは、大きく霊体の変更を行うという意味であります。

第二は、すでにお伝えの通りにこの霊界への誘いということであります。

今、その前半の第一の行においてこれを実行しようとしているものです。かくの如きことは普通に起きることではなく、霊地でなければできぬことです。したがいまして、これから午前と午後の二回において、それぞれ二回の鎮魂をなさってください。これが第一日から数日間の行でありますす。

それにしたがって、夜においては午後七時に鎮魂に入り、大神様のお言葉を賜ってください。すなわちそれは、普通に「雄走り《おばし》」として伝えることのできない、不思議のことであります。今夜から数日間なさってください。

その間において、第二の問題について、我々が様子を伺いながら実行することといたします。

話を第一のことに戻しますと、大神様のお言葉に基づいて、この夏の後半の断食の行があるのでございます。大神様のお言葉の解説であります。そういうことで、断食のことについて何も申し上げなかった次第であります。

今夕食は、この熊野大権現の大雄走りの後にしてください。

以上がおおむねのことであります。雨天を問わずに実行してください。必ず大きい変化があるはずであります。恐れることなく我々の下にあってください。

十一、大神様のお言葉

〈熊野大権現〉のお言葉

吾れは、熊野大権現なり。吾れ熊野大権現なり。

汝、真澄洞貴照彦、吾れらが御依差《みよさし》の如くに、よくぞこれ、吾が宮居《みやい》に来たるなり。汝、吾れらが御許《みもと》に真《まこと》まつろひ奉《まつ》りてあるを、吾れ嬉しや。

このままでは地球を失う

汝そは、これが日の本のみならずして、地球《ちだま》の上に生《お》い茂る人草のためならんずや。人草これ、大いなる変革の時を迎へ来たるなり。そはすでに知るところならんずや。

これ日の本また外国《とつくに》といわず、人草たちの神々より離れ、イナルモノにまつろひて、さらにはこれ、神々の無き世界を作らんずや。これ大いなる僻事《ひがごと》にありて、これ続かば、人草の破滅と同時に、地球《ちだま》の失《う》せるなり。地球《ちきゅう》の滅亡ならんずや。

上津彼方の大詔を賜り大いなる神諮り

吾れここに、上津彼方の大詔を賜り、「ナナヤの宮」におきても、大いなる神計画《かむはか》りのあらんずや。

されば、ここに、地球《ちだま》を救はんず、救世主たりし一人《ひとり》として、日の本大いなる男《おのこ》［の］あらんずや。

これ汝なり。畏くもタネオの命の御依差しのもと、よくぞここに来たるなりや。

しかして汝、汝《な》がなさざればならぬこと、まことに多きなるかな。また吾れら真澄神たちの期待の大きくあるを思うべしや。

しかしてここに、こたび汝を、吾が宮居《さと》に呼び越《こ》しは、大いなる願ぎ事のありてのことなるなり。

「不老寿の体」

汝、その身すでにハルミ人《と》としてあれば、ここにさらなる御依差と、御稜威《みいづ》を差し添えては、さらなる「肉の体《からだ》」を与えんずとすなり。さらなる肉の体とは、これまさに老ひを知らざるの、「不老寿《ふろうじゅ》の体《からだ》」なり。不老寿の体なるなり。これ肉の細胞の、たとえ剥げ落ちんずも、新たなる細胞の生まれ、その細胞の老ひを知らざるなり。これ人草の中、奇すし細胞の四十兆とも、六十兆ともいはれんずその細胞の、これ剝げ落ちても、新たに生まれんず細胞の老ひを知らざるなり。

これ奇すしき観法《みのり》なり。すなわちこれが、不老寿の身体《しんたい》を得《う》る時、ここに、汝が現世《うつしよ》去りし時、死するにあらずして、一時《いっとき》の呼吸を留《とど》めて、そのままに神界に移動すなり。その体の焼かるることなしや。

されば、汝が人草の中、おのもおのも五臓六腑の臓器の若々しく蘇《よみがえ》らんずや。さらに、いよよ頭脳明晰となりて、これ老ひて、老ひて現世《うつしよ》知らざるの頭脳となることなし。すなわち、これ認知症などに罹ることなしや。——今置かれている立場や現世を理解する能力を失うことはない——筋肉若々しく、神経の若々しや。その姿形の老いたるがままといえども、その中は若人と同じなり。汝いよよさらにこれ、頭髪の黒くならんずや。

熊野本宮のもと神々の数を知らず吾が詔をなべて聞きてある

これが、「不老寿の観法《みのり》」の数々を、これ真澄洞貴照彦に一つひとつ下さんずや。吾れここにそのことを伝へんずと、告《の》りてあれば、これ吾が熊野本宮のこれが許《もと》、神々の数を知らずや。吾が詔をなべて聞きてあるなり。

されば汝、いよよこのこと伝へて、吾れ下がらんず。されば、さればこれ、さらに畏くもフッキラノ命より賜るべしや。

汝これ、櫛触《くしふる》の大仙人また、汝《な》が許にあるなり。吾れ嬉し。［終］

十二、裏の「三字観法」

〈フッキラノ命〉のお言葉

吾れは、フッキラノ命です。吾れフッキラノ命です。

伝授は奇すしき宮居において

吾れ今朝に伝えましたように、観法《みのり》の伝授のあるのは、奇すしき宮居においての他《ほか》にはありません。

これ「不老寿の観法《みのり》」です。すでに汝《な》が許に、「布袋《ほてい》の観法」の下《くだ》っていますが、不老寿の観法を賜って、人草の世を導かねばなりません。さらに仔細のことは、真澄洞の神床においてフリタマ（自動書記）ですべて伝えます。

白色から緑色へ

ここに、熊野大権現の御許《おん》しを得ましたので、私フツキラノ命は、奇すしき観法《みのり》を授けます。先にお言葉のありましたように、若返りは、白より始まり、奇すしき薄紫、濃い紫をへて緑です。すなわち、白き光、薄紫、濃い紫すなわち紫、そして、黄緑、緑の若々しい色と思いなさい。黄緑はあまりに黄色でなく緑に濃い色です。

この色を、日に異に、己が身に被《かぶ》るのです。

裏の「三字観法」

汝、これを奇すしき裏の「三字《みじ》観法」すなわち、裏の「三字の観法《みのり》」と思い執行するのです。

その作法の順は「吾れは世の光なり。地の塩なり。」と唱えているところに、「吾れは世の白き光なり。吾れは世の緑なり。」と唱えて、繰り返すのです。

これは、深き深き裏の「三字の観法《みのり》」なのです。

天照大御神の「ミ」とは、このような「ミ」のことです。すなわち、身体のことなのです。

吾れ嬉しく思います。

十三、大神様のお言葉

〈熊野大権現〉のお言葉

吾れは、熊野大権現なり。吾れ熊野大権現なり。
汝貴照彦、吾れ昨夜に続きて告《の》るなりや。
汝《な》、「不老寿」のことわかりたるや。
しかして次に、これが熊野の宮居《みやい》、諸《もろ》神たちの集ひてありし時、吾れ詔下《みことのりくだ》すなり。

「ナナヤの宮」に入る印可を与える

汝真澄洞貴照彦、いよよこれが熊野の地、さらには、はろばろとこれが大峰の山々、汝が身は軽々《かろがろ》と、軽々と飛び上がりて「ナナヤの宮」[に]行かんずや。舞ひ上がり、龍車にて「ナナヤの宮」[に]入らんずや。吾れこれ許すなり。印可を下すなり。
吾が熊野の地、何人《なんびと》たりとて、人草の浮き上がり、飛び立つこと、吾が許し得ざるところなるなり。

汝《な》、さらにはこれ、日の本の津々浦々といわず、外国《とつくに》におきてもこのこと許すなり。汝《な》、これ安心をして、心ゆるして飛ぶべしや。イナルモノあらざるなり。

これ今日の大佳日、汝忘るるなかれや。まさに、昨夜また今日の大佳日もて、汝蘇《よみがえ》るなり。

汝されば、畏くもタネオの命より導きのありし草ぐさの法《わざ》の実らんずや。

刀印の作法

汝《な》、ここにあるは、熊野大権現の御徴《みしるし》なり。

な、これ奇すしや。その刀印《とういん》を両の手に持ちて、右手の刀印を左手の刀印の上に掛け印［×］の如く置くなり。これ熊野大権現の善言ささやくなり。

その刀印を、左右を入れ替へるなり。すなわち、左手上、右手下になるなり。掛け印のここに、フッキラノ命善言あるなり。あるいは、熊野のカラス、熊野のカラス、熊野のカラスと、三度《みたび》唱へるなり。

しかして、この刀印を元の形に戻して、これ吾が善言ささやくなり。

汝《な》、この作法もて、まずもて行のふべしや。しかして、それ飛翔《ひしょう》の、飛び上がるのこと行のうべしや。

最後の印可

汝、こたびもちて最後の印可とあれば、これもて必ず、なが体の浮き上がるなり。これもて、鹿島神宮の宮居入るなり。香取神宮の宮居入るなりや。これ東国におきてもなせや。吾が氷川大社の宮居もあらんずや。

な、しかしていよよ「ナナヤの宮」に入らんずは、これ明年、同じく吾が宮居なり。春の行《ぎょう》つつがなく終へ、これ来たるなりや。

な、こたび畏くも大山祇命の詔あれば、奇すしき者と目会うなり。吾れ許したりや。な、フッキラノ命より伺ふべしや。[終]

〈フッキラノ命〉のお言葉

吾れはフッキラノ命です。吾れはフッキラノ命です。

奇すしき詔を賜り、いよいよ麗しいことです。

大斎原に鎮まる神々が集っている

汝《な》、真澄洞貴照彦、私の許に畏くもこの「大斎原《おおゆのはら》」に鎮まっておられます神々が集《つど》っておられます。汝《な》が師の正一位明寶彦命もおいでになっておられます。

さて、畏くも熊野大権現より二つの印可を賜りましたので、いよいよこれより後半の断食の行、穀断ちの行において伝えます。奇すしきことの数々ですが、汝《な》は嬉しく賜りなさい。

また、いよいよ明日の夜より、奇すしき大神様たちの大詔を賜ります。謹んで賜りなさい。

吾れ最後に伝えますのは、これ汝、湯の峰に向かう四日の日は、午後四時半よりの行《わざ》としなさい。──五時半に執行──大詔があります。

吾れ嬉し。吾れ嬉しや。

十四、大神様のお言葉

〈熊野大権現〉のお言葉

吾れは、熊野大権現なり。吾れ、熊野大権現なり。

関門を抜けた

汝真澄洞、貴照彦伊、吾が御許《みもと》にまつろひまつりて吾れその年月《としつき》を知らずや。

汝《な》、いよよこたびの奇すしき行《わざ》もて、先に告《の》りし如くに、最後の関門を抜けたりや。されば、いよよ奇しびなること多《さわ》に起こらんずや。これ、汝《な》が身の上移り変わるとき、その細胞の内におのずと変化をもたらし、これ霊眼開きて観ること自在なり。

「八咫の鏡」

すなわち、すでに伝へたる如くに、これ奇すしき「八咫《やた》の鏡」なり。過去にも、未来にも、今起こりおることとの変化をも、なべて自在に観ることできるなり。さらに、地球《ちだま》の上のみならず、草ぐさの星々におけることも、これ可能なり。すなわち、通信のできるなり。その画像は正《まさ》しく色の付きたる鮮明なカラーの画像なり。テレビジョンの如くなり。

「不老寿の観法」

さらに汝、左の耳の不自由なりといえども、両耳に同じく、その奇すしき声を聴くなりや。これ、地球《ちだま》の上のみならず星々の音楽もまた聞こえるなり。届くなり。地球《ちだま》の上に行き交《か》ひし詔も、違はずに聞くことできるなり。

これすなわち、一昨日の最初に伝へるところの「不老寿の観法《みのり》」なり。これ七福神の一つとしての「寿老人《じゅろうじん》」の比にはあらざるなり。

さらに、まさにその身の軽くなり、雄走りを出すこともできるなり。まさになべて、正一位の神々と変わることあらざるや。

神の郷里は己が心の中に

さらには、吾れ伝へし『フッキラの守り』もて、人草を救ふべしや。またこれ、救世主として病める者たちを救ふべしや。

しかして、その心得違ひを諭すなり。「神の郷里《さと》は、汝が心の内にあり」と告るべしや。神の郷里は己が心の内にあり。されば、「その所を祈るとき、おのずと神々に通ずるものなり。己が心の内を大事に育てるべし」と、人草に伝へるなり。

さればこれ、正一位マノミチノリ命の遺せし「道《どう》の道」なり。さらに突き進めるべしや。その至らざるを補ふべしや。これ明神の甚《いた》く心に残りしことなるなり。その誠の心を引き継ぐべしや。

イナル神々の網の手を破る

これが日の本を、また地球の上に覆ひ被さりし、イナル神々の網の手を破るべし。挫《くじ》くべし。その網の手を奇しき少彦名命の火の中に落とすべし。少彦名命の火もて焼き払ふなり。

汝これ、新たなる「草薙《くさなぎ》の剣《つるぎ》」の始まりなり。それ、イナルモノを焼き払ふなり。そは「アメノミスマルノツルギ」なり。天美統麻琉剣《あめのみすまるのつるぎ》、これ三種神宝の剣とは異なるなり。天美統麻琉剣、吾れここに汝に伝えるなり。汝そは、畏くも宗像の姫、多紀理姫命《たきりひめのみこと》なり。汝《な》、吾れ下がりければ続きて賜ふべしや。

〈多紀理姫命〉のお言葉

吾れは、宗像に坐《ま》す多紀理姫命なり。多紀理姫命なり。汝貴照彦、吾れ嬉しや。畏くも熊野大権現、すなわち、須佐之男命より、たびたびに奇すしき印可を賜りたりや。吾れら宗像の父親《たらちほ》なりや。

天御統之剣

吾れここに願ひて、奇すしき高御産日神《たかみむすひのかみ》の御稜威を、賜らぬとあるなり。これイナルモノの数々は、宇宙《うちゅう》の開闢《ひらけし》ときより、海月《くらげ》なして漂《ただよ》へるものなり。さればこれ、御統之剣《みすまるのつるぎ》もて引き寄せるなり。すなわち、上津彼方より授かりし天御統之剣なり。

霊眼の中に観る

汝《な》、いよよこれ、霊眼《れいがん》、また霊聴《れいちょう》の開くとき、おのずと明らかならんずや。これアメノミスマルノカタナを授かるは明年の夏ならんずや。

汝、奇すしき法《わざ》もて、奇すきところの数々を開くべし。いよいよその時、間もなくなり。その眼《まなこ》の中にこの刀をはっきりと観るなり。そは明年夏なり。

いよよ日の本、これもて健《すこや》かなり。外国との、イナル国との、戦《いくさ》ごと打ち破るなり。日の本の上のこと、ここにあるを心定めてそれ技を磨くべしや。

吾れ嬉しや。吾れ嬉しや。

真澄洞、畏くも田心姫命《たごりひめのみこと》、下《くだ》るなり。[終]

十五、大神様のお言葉

〈熊野大権現〉のお言葉

吾れは、熊野大権現なり。吾れ熊野大権現なり。

吾れ、昨夜に続きて、さらに告らんずや。

反面教師の悲しさ

汝これ、現世《うつしよ》まことに、おのもおのもがその道——身勝手な道——を歩まんずとするなり。これらのなべてを許さざるものなり。これ、神々のことなど知らざるやと、現世生きんず者もあるなり。

これ、その者に対して与へられたる使命《さだめ》のままに生きんずこともあり、すなわちこれ、他山の石といふべしや。ここに、それらの者の生涯を通じて、現世に残したることを見て、生き様に対する手本となすなり。すなわち、反面教師なるなり。

さればこれが現世は、おおむねになべて、草ぐさの形におきて神々と結びつくの生活《なりわい》こそ麗しけれや。これなければ、現世におきて秩序と調和と統一のとれたる世界の生まれることあらずや。その信仰におきても、深き浅きのあるはやむを得ざるなり。まことの信仰とは、如何なるものにあるぞやを知らざる者の悲しきかな。

『神界物語』の中に草ぐさの人の生き様を記す

されば汝貴照彦は、これ神々の御心の内知りて、これ『神界物語』の中にその種々《しゅじゅ》なる、草ぐさの人の生き様を記すなり。

しかしてそれらの御霊どもは、幽界冥界に帰りて如何なる世界に住んでおりしやを、これおおむねに調べては、記すなり。草ぐさの信仰ありて、信仰あらんずとすも、その信仰によりて如何なる生き様を得、また、幽界冥界に帰りて如何なる様にあるかを記すべしや。

これ、信仰のあるや否や、またその深浅の異なるに従ひて、吾れ述べたれども、これ現世においておのもおのもにその生活を持たせてあらんずや。物質の世界といふは、生活《なりわい》を持たせるが世界なり。

しかして、一つの学問に精進する者あり。すなわちここに、その学問を否定する者、また学びて深浅のある者、その道を究めたる者あるなり。草ぐさの「道の道《どう》」のあらんずや。

それぞれに今告りしことは、同じけれや。否定する者、その道に深き浅きあり。また道を究めんず者あり。これら様々の人草の生き様を、幽界冥界にまで遡りて、その人草のあり様《よう》を書き記すは『神界物語』なり。

一つひとつについて御名をあげて記す

これ、吾が幽界冥界にあらんずの呻吟《しんぎん》する御霊につきてのことを、告りたりや。

さらにはこれ、法絲《ほうし》の糸に昇りて幽界にある者また、「ナナヤの宮」に入りて仕へる者、正位に上がりし者、さらにはさらには異《い》なるかな、異なるかな、イナル御霊どもの多《さわ》にあらんずや。

これ先に、畏くもタネオの命の告りたれども、これ一つひとつその御名をあげて記すなり。これ汝《な》が仕事なるなり。すなわちこのことのみ取り上げても、大いなる霊界の世界のあるなり。

「赤き法」

汝、吾れ熊野大権現すなわち、須佐之男命のこと、確《し》かと心に留めておくべしや。これ吾が地獄の世界は、まことに暗きかな。吾れここに入る、今ひとつの「紅の法《くれなゐのり》」すなわち、「赤き法《のり》」を伝へるなり。

汝、これの道行をまずもって示すなり。すなわちこれ、まずもって、北極の宮と反対の向きに進みて、そこより下《くだ》るなり。下《くだ》るは暗き世界なり。これ、紫の逆の言葉を限りなく唱へるなり。しかして程よきとき、これ「紫の秘言」を数回唱へればよしや。

ここにおきて「くれなゐ《い》、くれなゐ、……」と唱へるなり。あるいは、「赤黒《あかくろ》の世界、赤黒の世界」、「薄赤の世界」と唱えるなり。されば、その色の世界眼前に浮かぶなり。

されば、その眼前の世界より入らんずや。先に畏くもタネオの命の誘ひしこと、これ合わせ考えるべしや。まことに、紅蓮《ぐれん》の炎のはっきりと見るなり。

その者の御名を問う

さればここに、「白《しろ》、白、白、白」、これ白の言霊を吹きかけるなり。奇すしきかな、その地獄の炎の消えるなり。

ここにその者の御名を問うべしや。その者の在りし日のこと、また幽界冥界に落ちてよりのこと、草ぐさに話さんずなり。これ汝が霊聴《れいちょう》にて聞くべしや。あるいは筆に執るべしや。
これその者の在りし日のことまた、幽界冥界でのこと、懺悔《ざんげ》すれば、その非を悟り、つひとつの因縁を解《ほど》くことになるなり。汝このこと、幾度《いくたび》かにわたりて、その者に聞くべしや。

新しい時代に向けての「霊界物語」

しかして、その者の生き様のことを調べては、『神界物語』に記すなり。これ、新しき時代に向けてのまさに「霊界物語」なり。

吾れここに、そのあらましのこと伝へたりや。このことさらにさらに深く、吾が御子・フッキラノ命に誘われ、尋ぬるべしや。
汝いよいよ明夜は、これ畏くも瓊瓊杵命《ににぎのみこと》の下《くだ》るなり。これ少しく明るき世界のことなり。吾れ嬉しや。[終]

十六、大神様のお言葉

〈瓊瓊杵命〉のお言葉

吾れは瓊瓊杵命なり。吾れは瓊瓊杵命なり。
汝真澄洞貴照彦、吾れ嬉しや。吾れ熊野大権現の古き宮居にて、奇すしきことを告らんずや。

幽界冥界に沈みし御霊

昨夜、畏くも熊野大権現、幽界冥界に沈みし御霊のこと伝へたりや。このことは、現世と幽界冥界との間の通信の印可の下りたることなり。かくの如きことは、まことに稀有なりしことなるなり。

そは汝貴照彦、現世にありて正一位の神として生きるべしとの、大詔のあればこそならんずや。
汝このこと心定めて、つつがなく運ぶべしや。

新しい「幽界物語」

これ、新たなる幽界冥界のこと、先の古き物語―源信僧都の『往生要集』など―に続きての幽界物語のできあがるなり。汝、このことの気のつきしや。
『神界物語』の序章に続きて、新たに本論をなすは、「幽界物語」の巻なるなり。しかして、これらのこと、その世界に入りて記録なすは、これ真澄洞におきてのことなるなり。これ奇すしき眼《まなこ》、また、奇すしき耳を賜りて後《のち》のことなるなれば、明年の夏より後《のち》のことなると知れや。

明年の春の行は中品の「十言神呪」

さればここに、明年の春の行《わざ》はまこと奇すしく、これ中品の「十言神呪」とあれば、地獄に入りし者たちをも救ひ上げるの観法《みのり》と思うべしや。

これ中品となすは、下品よりも高等、レベルの高き世界を目指すものと思うべからずや。これ、人草を救い上げるは下品にてもよけれや。されどもこれ、御霊の世界に通用するにあらざるなり。御霊を救ふは、より適用範囲の広き中品によらざればなり。

上品の「十言神呪」

さればこれ、上品の「十言神呪」は、ここに、下品、中品によりて救ひ上げたる御霊たちをさらに救はんず。救ひて神々にまで引き上げんずの、より賢き「十言神呪」の観法《みのり》なり。さればこれ、上品の「十言観法《みのり》」は神々の世界にあるといふものならんずや。

これが上品の観法《みのり》に救ひ上げざる御霊のあることなしや。

イナル御霊たち、下品にて救ふこと能《あ》たわずといえども、中品の観法《みのり》は、救ふことできるものなり。

汝、「十言神呪」の観法《みのり》のことわかりたるや。

しかして、幽界冥界に呻吟する御霊の、法絲に登りて明るき世界に麗しき生活を送りてありし、まことに多くの御霊たちの世界のあらんず。吾れここに、これらなべての世界、正一位貴照彦の通ること、また通信をとること、なべて印可をするなりや。

「ナナヤの宮」との通信

汝、「ナナヤの宮」との通信につきては、これ明日の夜、畏くもナナヤ大神、御自《おんみずか》らに、短き大詔なれども賜らんずや。その後《のち》に、吾れ再びここに詔くだすなり。「ナナヤの宮」との通信のこと、これイナルモノあらば、明夜のナナヤ大神の大詔の「ナナヤの宮」全域に放送され、詔の下されんずや。――邪魔をするイナルモノがあるので、それを防ぐように全域に伝える、ということか――

吾れ奇すしきこと告りたりや。これらなべて、正一位の神・貴照彦にあらざればできぬことなり。汝これら、神々の奇すしき大計画《おおみはかり》に尽すべしや。尽くさんずや。［終］

十七、大神様のお言葉

〈大国主命〉のお言葉

吾れは、大国主の命なり。吾れは、大国主の命なり。

吾れ嬉しや。真澄洞貴照彦《ますみのほら》、吾が詔のままにあるを吾れ嬉しや。

汝《な》、こたびの行《わざ》よくぞわかりてあり。

「ナナヤの宮」に入るは自在なり

吾れここに、ナナヤの神々に告るなり。吾が御世差のこと、真澄洞貴照彦の「ナナヤの宮」に入るはこれ自在なり。諸神たち、肯《うべな》い聞こし召すべしや。

吾れ嬉し。汝《な》、吾れ真澄洞に、これ下がるなり。

〈瓊瓊杵命〉のお言葉

吾れは、吾れは瓊瓊杵の命なり。吾れは瓊瓊杵命なり。

汝貴照彦、いよよこれもて、幽界冥界、また「ハルミの世界」、「ナナヤの宮」と、汝《な》が入《い》ること自在なり。

この上は、いよよ奇しき眼《まなこ》また、耳《みみ》を開きて、奇すしき世界を通るべしや。奇すしき『神界物語』、「幽界冥界の巻」の成就すなり。

しかして、貴照彦、さらに天津神々の世界、また国津神々の世界、星々の世界入るは、また詔くだすなり。汝つつがなく待つべしや。

吾れ嬉し。吾れ嬉しや。

汝、明夜は、これ再びに、熊野大権現の大詔あるなり。これ賜りてこたびの行《わざ》終はらんずや。奇すしき告りごと、賜ふべし。[終]

十八、大神様のお言葉

〈熊野大権現〉のお言葉
吾れは、熊野大権現なり。吾れ熊野大権現なり。
汝、真澄洞貴照彦、よくぞこれ、吾が御許にまつろいまつりたるや。

印可は続く
吾れこたび、奇しびなる詔、数々に下《くだ》したるや。
さらにこれ、畏くも瓊瓊杵命、また、ナナヤ大神よりの奇しびなる詔を賜りしや。これ昨夜、瓊瓊杵命よりありし如くに、印可を与へるは、国津神々の世界なり。また、天津神々の世界さらには、星々の世界とあらんずや。

国津神々の世界、天津神々の世界に入る印可

汝吾れここに、国津神々の世界に入らんずの印可を授くなり。授けるなり。これすでに国津神々の御許に、吾が詔の届きてあらんずや。

しかして汝、いよよここに残るは、天津神々の世界に入《い》ることなり。これまた、これが古き宮居に下《くだら》れし畏くも多紀理姫命、上津彼方の御《おん》許し得て、すでに大詔伝へてあらんずや。

星々の世界に入る印可

ここに残るは、星々に入る印可ならんずも、汝、これ吾が御許《みもと》にありければ、幽界冥界と共に、吾れ印可くだすなり。これ星々の世界、何故に吾が御許にありしやは、すでにわからんずや。——星々は御霊の修行の世界であるので、地球上の幽界冥界に入ることと同じことであるのです。——

これで拒む霊界はない

汝真澄洞貴照彦、したがいていよよ、汝貴照彦を退《しりぞ》けんず、拒まんず霊界のあることなし。汝《な》が御心のうちに、なべてあらんずや。吾れ嬉し。吾れ嬉しや。

いよよ日の本のみならず、地球の上における人草の改革は、汝ここにあると思うべし。

「東京オリンピック」の悲しき

今し、再びの「東京オリンピック」の開催されてあらんずも、これおのもおのもイナル神々にまつろいて、その御力のうちにある者が多けれや。またこれ、神々にすがる者とてあらざるなり。まこと悲しきこととなるなり。──開催国の日本における贈収賄の件であろうか──

汝これら、おのもおのもの競技にありては、これまさに、すでに伝へしが如きの言霊の幸《さきは》わんずのところなるなり。言霊幸《さきは》えて、その人草の実《みの》り麗しく、香《かぐわ》しく、その香り出《い》だすなり。

──「言霊」の本当の意味については、『神界物語』【第一巻】【第二巻】において述べてあります。言葉だけでなく、人間の身体から発せられるものすべてが言霊であるのです。ここに、「言霊の幸わんず」とありますのは、会話による人的交流だけでなく、競技のすべてにおいて選手たちの見事な活躍のことを指しているものと思われます。ここに、役員の方々やボランティアの方々も入りましょう。──

行が終わり言祝ぎの善言奉る

汝、人草のため、大いなる御力を出し真澄神たちの御許《みもと》にまつろい奉《まつ》るべしや。吾れこたびの行《わざ》終わりて、言祝《ことほ》ぎの善言奉《たてまつ》るなり。

汝、いよよ奇しびの法《わざ》、これより数々に開かんずとあれば、これまた、おさおさその行の怠るなかれや。なべてこたびの行におきて、包み込みたるや。

〈一遍上人〉のお言葉

正一位、一遍《いっぺん》が聖《ひじり》にござります。正一位一遍が聖にござります。

熊野霊界にある龍神・明神たち

こたびの行《わざ》、成就なされましたることまことにお目出とうござります。

これ一遍が聖、その傍《そば》に立ちてつぶさにご覧させていただきました。まことに多くの、熊野大権現、この熊野の霊界にあります龍神《たつみがみ》たち、また諸々の正位の明神《あけつみかみ》たち、こぞりてこのことに関わりてありましたぞえ。

この時を待ち望んでいた

熊野大権現、これが平成の御代替わりにあたりて、まことに痺《しび》れを切らしてこの時を待ち望みてござりました。

この変革にあたり、真澄洞《ますみのほら》貴照彦のご出現を待ち望みてありましたぞえ。これらなべて、これよりは真澄洞に鎮まりし厳の神々のお役目にござります。おささ怠らずに何卒《なにとぞ》、人草の御為《おんため》とご精進を願いまつります。

一遍上人の喜びの善言

まことに、まことにこれ、私の生きたる時代とまことに大きく異なり、また人草のありようも異なり、時代の流れを見ながら、人草の異《こと》なるものを眺めるのでございます。

吾れら、吾れら、神々の御《おん》許にまつろいて、現世《うつしよ》と幽世《かくりよ》と、二人三脚にて歩まんずと覚悟をいたしてござります。

こたびのこと、多くの明神・龍神よりの餞《はなむけ》、喜びの善言のあらんずも、吾れここに代表として伝へましたぞえ。

いよいよ帰りますと、真澄洞ご神前におきて草ぐさとござりましょう。受け承《たまわ》りくださりませ。

いよよこの上は、草ぐさに貴照彦どのの奇しびの法《わざ》の開かんずことのみにございます。

吾れ嬉しや。吾れ嬉しや。一遍が聖《ひじり》。

南無《も》阿弥陀仏、南無《も》阿弥陀仏。[終]

令和三年八月十一日、八月十六日より二十二日　真澄洞

【巻十四】須佐之男命と幽界の世界

はじめに

令和三年夏の熊野本宮大社・旧社における行《ぎょう》に続き、真澄洞において執行した。その行の手順についてお尋ねしたものです。

〈タネオノ命〉のお言葉

吾れはタネオノ命です。吾れはタネオノ命です。

奇しびの法の扉を開る

汝貴照彦、この度の奇しき御行《みわざ》の数々は、まことに目出たいことでした。草ぐさの災いがありました。けれども、つつがなく終えました。まことに嬉しいことです。

汝、奇しびの法《わざ》を数々に賜りましたが、その扉を開《ひら》くことが数々にあります。これらの一つひとつについて、タネオノ命はこれを開《ひら》きます。

いつものように午前、午後、夜と、吾が許にまつろいなさい。あるときは書き、あるときは告ります。そのことはその度《たび》に告ります。

汝《な》が申し出のごとく、これが葉月の十六日午前、私の発声をもってこと始めといたします。汝、吾れらが許まつろいなさい。吾れ嬉しく思います。

一、穂触の大仙人のお言葉

〈タネオノ命〉のお言葉

吾れはタネオノ命です。吾れはタネオノ命です。

汝貴照彦、この度の熊野大権現の御許《おんもと》における草ぐさの行《みわざ》を成就し、ここに真澄洞の神床《かむどこ》にあることを、吾れ嬉しく思います。

熊野大権現の御詔の数々に驚き

この度の熊野大権現の御詔《おん》の数々を、汝は知ることがないのですけれども、天津神々、国津神々、その他の神々の御許に届きました。神々は、等しく驚きをもって、これらの詔の数々を受け賜りました。その大詔の伝達に当たり、真澄洞の厳の神たちは、熊野大権現の御許に上がり、明神《あけつみかみ》また龍神《たつみかみ》たちと共にその任に付きました。まことに稀有な出来事です。

このことは、すでに上津彼方よりの大詔があったので、神々は予見せられておられたことでした。しかしながら、このことはまことに機微なことであり、この幽界・冥界の扉を開《ひら》かんとすることであって、まことに驚いているのです。

貴照彦、よくよくこのことの心を定めて、吾れらが御許にまつろわねばなりません。これは、イナル神たちのまことに狙わんとすることであれば、心静かに、北極の座に着いて真澄神たちを祈りまつるのです。

今日の大佳き日、行を始めんとするにあたりて、吾れここに畏くも奇すしき吾が師、櫛触《くしふる》の大仙人を誘ってきました。その御言葉《みことば》を受け承りなさい。

しかしていよいよ午後より熊野大権現より賜りました玉手箱の一つひとつを順に開きます。汝、これ自動書記《ふりたま》にて受けなさい。

〈櫛触の大仙人〉のお言葉

んーん、櫛触から、雄走りを飛ばしちょるぞ。櫛触から、雄走りを飛ばしちょるぞ。

日本の一番最初の古い神界

ここはまことに古い、古い神々の御郷《おんさと》であるけれども、ここに畏くも瓊瓊杵命が降《くだ》られたわけであって、ここから新たな詔を発することとなった。それで、それでここが、まことに日の本の一番最初の所じゃと、古い神界の所じゃと、思われちょるかも知れん。が、実はこの高天原《たかあまはら》での出來事があって、天照大御神が天上の世界を、そして根の国底の国を須佐之男の神様が治《しろし》めすことになったわけじゃが、その降られたところの最初の古い神界というのは、これが熊野にあるわけじゃ。熊野大権現のお鎮まりになられる、この大霊界というものがもっと古い神界であるわけじゃ。

その［霊界の］中で様々な御霊が生活をしておる。死んだ者を統括をし、統一的に御霊慰霊《みたまなごめ》をしておるのは、まさにその言われたところの根の国底の国である。それが、この大峰山をはじめとするところの、その上の大きい霊界であるわけで、したがってそれはもっと古くからの霊界であるんじゃよ。

霊界は熊野霊界から別れている

これは前にも話をしたと思うけれども、単に天上と霊界とを分けたというだけではなくして、追放されて、須佐之男命の神様がここに降られたというだけのことではないんじゃよ。なぜこの太陽系の中で地球が選ばれたのかといえば、肉体を持つ霊体としての世界は地球だけしか存在しないからである。じゃから、この熊野の地というのはまことに古い、日本で一番最初の、日本だけではなくして地球《ちだま》の上における最も古い霊界として存在をする。

日本における霊界というのは、他《ほか》にもあるけれども、それらは、熊野大権現のここから別れて、少しずつできておるものじゃ。

あんまり世界に話を広げてはいかんが、このヒマラヤのエヴェレストを中心とするところの［地上の」世界の中において、人類が発展をし、そして霊界ができあがっていったわけじゃが、それら［の神々や御霊」もすべてこの熊野大権現の御許《おんもと》において働いておられる。まさに貴照彦の師匠の明寶彦が、天照大御神は固有名詞ではなくして普通名詞だと、それぞれの［太陽系のような」惑星中には、天照大御神がおられるといったが、それと似たようなものじゃ。名前は違《ちが》っちょるけれどもそういうことがあるんじゃよ。

その熊野大権現が、この地球の上に生きておる人間に、そこに入って来ることを許す印可を与えたということが、まことに重要なことである。

熊野大権現が支配をされる霊界

この熊野大権現が支配をされるところの霊界は、いわゆる幽界・冥界は世界の上に幾つかあるが、その幽界・冥界に陥った者が沢山いるわけじゃ。そこから「法絲《ほうし》」の糸を登って新たな人生を送ろうという時に、自分の生まれた国に生まれ変わるということは、もちろんそれが多いのであるけれども、これを、業《ごう》を落とすために他《ほか》の国に生まれ変わらせるということも多くあることじゃ。また、他《ほか》の国のミヨとして送られることも多いのである。それが近年は多くなってきちょる。地球が段々と狭くなってきちょるわけでもあるが、こうして国と国との間の橋渡しをするような人間を造ろうとしておるわけじゃ。

これがのう、これがうまくいくこともあるが、うまくいかんこともあるのじゃよ。それはどこに現れるのかというと、本来は、道に従ったことをしなければならないけれども、悪いことをする者ができるわけじゃ。もちろん、その自分の国に生まれても、悪いことをする奴はおるぞ。じゃが、同じようにして悪いことをしでかす者がおる。これはまたもう一回死んでから、幽界・冥界に落ちて、その業を落さにゃあいかんことになる。

肉体世界は行を積むのによい世界

この肉体というものは、行《ぎょう》を積むのには、まことによいものであるけれども、反対に悪い因縁を残すと、それが、その霊体というものの中にこびり付いてくる、面白いものでこびり付いてくる。そのこびり付いたものを落すのに、火というものが要《い》るわけじゃ。

地獄の火と言うけれども、別に火というのは、その者を苦しめるためのものではないんじゃよ。その業《ごう》を落とすためには必要なものであるから、これがあるわけであって、恐れるものでは何にもないものじゃ。

これが少彦名の大神様からいただいた、その間違ったものを正すための方法であるわけじゃ。だから、地獄の火に焼かれておるからといって、おどろおどろして驚くべきことのようなものでもない。それを間違えてはいかんぞ。じゃから、それぞれの世界の中において、業因縁《ごういんねん》を残した者に対してそれぞれ違ったものが与えられて、その因縁を落とそうとしておる。

地獄の火

お前は自分の体《からだ》を見ることができないから、わからんじゃろうけれども、お前の霊体というのはまさに神々しく光り輝いておるものじゃ。そうでなければ正位の神々にはなれん。

そういうように、少彦名の大神様は導こうとされておるのであって、決して苦しめるために、御霊を苦しめるためにやっておるわけではない。その火を見て苦しみと思う者は、いわば人間だけのものじゃ。人間から死んだ、その者たちが、おどろおどろしておるだけじゃ。

そういうことをわからそうとしておるわけじゃが、じゃから、お前がこれから順に入って行《い》かなきゃいかん。この幽界・冥界の御霊たちは、そういうような業を犯した者ばかりじゃから、人間の肉体を持った生活において何が間違っておるのかということを、この言霊すなわち、「道《どう》」の中から判断をしていかなきゃいかんことになる。その一つひとつの手本を与えるものが、これからのお前の行《ぎょう》じゃ。

「道の道」に照らし合わせる

えいかのう、単にこれを悪いことをしたから、こんな苦しみを負わなきゃいかんのじゃよと言う、そういうような『往生要集』的な、そういう世界を見せるものじゃない。いいかのう。因果応報とは言うけれども、単にそれを恐ろしくして表現するのではなくして、『十言神呪』という「道《どう》の道」に照らして、照らし合わせて、それがどういうものでなければならないかという、具体的な正しい道を明らかにしてやろうではないかということじゃ。わかるのう。これを苦しみを与えるものと思っちゃあいかんのじゃよ。

そういうようにして、人間生活を、神を中心としたところの生活を送らせることによって、正しい、いわば黄金世界にしたいものよのう。というのは、神様の御《み》心である。

文化文明を平等に行き渡らせよう

この地球の上において、人間が文明社会に生まれ落ちる者とそうでない者との差というものは、まことに大きいけれども、これも人間としての文化文明を平等に行き渡らせようとする一つのものがある。じゃから早くから、この五つの世界宗教の中において、そこに良く生活のできた人間は、いわば幸せと言わねばならない。しかしそれをどのようにして地球全体の上に行き渡らせて行くのか。これは、まことに神々の宿題といってもいいものじゃ。

こうして、そういうような、区別と言うか差別のあるのは、これはたびたび言うように、イナルモノが生じるから、やむを得んものである。しかし、そのイナルモノは、次々に発生をするものでもある。その影響を少しでも、すくのうし正しい世界に、澄んだ世界に導こうとしておるのが神々の世界でもあるんじゃよ。

地球の上に秩序と調和と統一の世界

そういう意味で、これからの「魂の救済」、人間の中に鎮まる「魂の救済」というものを、どこまでもやって欲しい。それが、地球の上に秩序と調和と統一の世界を導くための種になるわけじゃ。ものになるわけじゃ。

えーかのう。とてつもなく大きい、そういう構想の中にあって、この「十言神呪」という宗教が、学問が、哲学が、開かれようとしておるのじゃ。この神々の構想の大きさも、わかってやって欲しい。

今日はちょっと、話が固くなったかのう。貴照彦、いよいよ精進をせえよ。えーか、いよいよこれから、まことに面白いことが一杯起きて来るから、それらをきちっと目に止めて、やってこいよ。

二、三字観法

〈フッキラノ命〉のお言葉

正一位フッキラノ命であります。正一位フッキラノ命でございます。

イナルモノに用心

熊野本宮大社・旧社での自動書記とはまた雰囲気の違うものでございます。旧社は沢山の神々の御守る中においてでありましたが、真澄洞はやはり邸内社《ていないしゃ》であり、油断のできぬものを感じます。くれぐれもそういうイナルモノにはご注意ください。

このイナルモノの発現には少々癖《くせ》がありますので、それを察知するとわかることがあります。当然これを霊眼において観ることができるわけでもあります。それは次第にわかってくることと思います。イナルモノの現れるのは、本人の無自覚のところにスッと入り込むのです。これが危いのです。ですから、つねにこれを防ぐためのものを用意しておかねばなりません。すなわち、「祓い」です。油断をしてはなりません。

さて、前置きはこれだけにして早速に入りたいと思います。

まず、草ぐさの「護符《ごふ》」の謹製の方法について、それにお答えすることは容易《たやす》いことでありますので、いつでもお尋ねください。特に「色《いろ》」についてでありますが、抜けていることもあろうかと存じます。

大事な問題に入ってまいります。

三字観法

まず第一です。霊眼また霊聴を開く方法でありますが、これを「三字観法《みじかんぽう》」を使ってやりなさいということがありました。これをお伝えします。これからは、三字観法を執《と》るときは、これでやってみてください。

三字観法の作法はほとんどそのままです。主宰神でありますが、善言として、住江大神と熊野大権現としてください。大権現は熊野坐《くまぬにます》大神でもよろしいのです。

次に、先にありましたように「我は世の光なり、我は地の塩なり」と何回か繰り返し唱えるのでありますが、ここに「我は世の白き光なり、我は世の緑の光なり」と繰り返し唱えます。また、前の「我は世の光なり、我は地の塩なり」と後の言葉とを同時に唱えてもいいし、後のものだけでもよろしいのです。

この言葉の意味は言霊の解釈の中から考えてもよろしいし、また人間の持つ霊的な姿からも考えることができるものです。

この言葉「我は世の白き光なり、……」は、人間の内から発するところの言葉でありまして、前の言葉「我は世の光なり、……」はフタの中から発するもので、ミヨの浄化になるものであります。後の言葉は、フタよりは、外のミヨから発するところが強いものであります。

しかし、ミヨはご承知の如くに交替があるのでありますが、これが執行の前後で少しずつ違っててまいります。すなわち、つねにそのミヨが別の意味で「後の言葉を唱えることにより」浄化をされて、さらに肉体の上にも変化が起きて、その道筋をつけるものとなるのであります。

色の言霊

さらに申しますと、この言葉の中に色々な「色」を加えますと、その色の言霊が発揮されるようになります。つねに、「白き光」から出発します。続いてここに「紫の光」を入れますと、まことにかぐわしい霊体を作ることができます。それはどこに変化が生じるのかといいますと、ミヨにどんどんとその力が流れるのであります。また、肉体の改造にかかわるようになるのであります。ですから、「我は世の白き光なり、我は世の紫の光なり」を繰り返しますと、清浄な体、また草ぐさの霊的なものを賜るようなものとなるのであります。

ですから、この「緑」をまず実行し、また「紫」をやってみてください。その感じ方がまた異なるはずであります。以上で称える言葉については終わります。

守護神

次に守護神でありますが、これは、貴照彦さんは私を呼んでください。また、閉じる時においても同様であります。

「紫の秘言」は同様に唱えます。前後における「十言神呪」も同様であります。最後に、前の「紫の秘言」の後において唱える言葉に変更があります。まず、初めの方であります。ここで「我は住江大神の御稜威に浸りたり、浸りたり、……」と同様のことを唱えるのでありますけれども、さらにここに、「吾が能力は十方照射するなり、届くなり」と唱えます。こうして自分の能力を無限に拡大いたします。

最後に、身体を宇宙に拡散・拡大をいたしますが、ここにおいても「我が能力は尽十方に輝きたり、徹りたり」と唱えます。要するに、己の身体を無限に拡大した、この数秒のうちに、意《こころ》の中において唱えます。体だけが拡大するのでなく、自分の持っているあらゆる能力が開発され、拡大され、解き放たれている姿を念ずるのです。こうすることにより、自分の霊体だけでなく、自分の自我も一緒にすべてのものが宇宙に拡大されるようになるのです。この極意がとても重要なこととなるのです。実行する段階においてさらに導きたいと存じます。

以上においておおむねのことを述べました。これがあらゆる霊界に己の眼をつないでゆく基本となるものであります。これが無ければ、すべてのものが台無しとなります。無限の努力を、三字観法と同様にやってください。すなわちこのことが、「神様のミは身である」ということであります。

以上で、第一の扉を開けました。次は、何でありましょうか。今回はここで終わりましょう。

三、不老寿

〈フッキラノ命〉のお言葉

正一位フッキラノ命であります。正一位フッキラノ命であります。

蓬莱山を探し

さて、早速にまいりましょう。今夕は「不老寿《ふろうじゅ》」のことについて伝えたいと存じます。この不老寿というのは大権現よりもございました通り、まことに不思議な体を造るものであります。まさに肉体の改造でありまして、これがまさに不老寿ともいうべき薬であります。

この「不老寿の薬」を求めてはるばると熊野の地に辿りついたということは、笑い話のような夢のような話として、作り上げたものではないのであります。現実に事実としてこれがあるのでありますす。そのことをこれから実現することになるでしょう。そのことによって、蓬莱山《ほうらいさん》を探し、不老の薬をなぜこの熊野の地に尋ねて来たのかがはっきりといたしましょう。そういう不老寿でありま
す。

資格のできた者に対して伝授

さて、この不老寿は、薬草ではなく観法《かんぽう》として存在するのであります。古来この観法を行ずるこ

とにより、長命を保った者が多くいるのであります。観法はいつも熊野大権現より下《くだ》されるというものでなく、それとなく資格のできた者に対して、神々が伝授をいたしたものであります。

また、そのすべてが伝わった、下されたというものでもないのであります。しかし、そのことによって、長命を保ち、そして、「尸解《しかい》」する者がいたのであります。一年に一人とかいうものでなく、百年に何人か、あるいは一人というものであります。この尸解というものは難しいことであります。また、同時に、肉体の細胞を若がえらせ、長命を保つことは難しいのであります。

「不老寿の命」を賜る

今ここに伝えますのは、もちろんそれらのすべてではありませんが、これからの糸口になってゆくものであると思います。これが、大権現より印可された今回の行であります。前回に伝えた三字観法と二分するほどの、重大な重要なことであると思ってもかまわないものであります。それではこれからのことは、何かつまらない様にも思われるかもしれませんが、これから次第にわかってまいります。

さて、「不老寿の命」を賜る法であります。

第一に、熊野大権現の善言です。たびたびに申しますが、熊野坐大神でもよろしいのです。

第二に、私フッキラノ命の善言。これは数だけでよいのであります。

第三に、神歌があります。これは後にします。

第四に、ここに作法があります。

第五に、この御稜威を飲み込むのであります。

第六に、言霊であります。これは、前回に伝えたものと大変に良く似ていますが、要するに緑の言霊を使うのであります。これによりすべてを若々しく保つことになります。

これがほぼすべてであります。後は、再びご神歌、善言で終わるのであります。

肉体は全大宇宙と本質において同一

この不老寿というのは一つひとつの細胞の若がえりを促進《そくしん》するものではありませんが、おのずとそのようになるものであります。また、三字観法の中においてこの緑《みどり》を使うことによっても、そのことが可能となるものであります。

さて、神歌でありますが、これが今回のハイライトでありますが、熊野大権現が御自ら、その扉を開けられることになっておりますので、その時まで待ってください。内容は、肉体は全大宇宙と本質において同一であるというものです。それ故に、この人間は地球という大地と共に生きることができ、無限の体を成就することができるものであります。すなわちまた、ここに尸解というものの意味があるのであります。肉体が大地と本質において同じであるとは腐ることもないのであります。それは、神々と同様な質を得ることにもなるのであります。

そのことによって、生きながらにして己の肉体を大地の中に沈みこませることができるのでもあります。ですから神々というものは、その御体を地球の中に沈みこませることができるわけでありますます。しかも、その熱いあつい何千度もある中にも沈みこむことができるのであります。これが真澄神の正体であるのです。

真澄神に向上するための第一歩

すなわち、これからお渡しをしようというものは、このような真澄神に向上するための、その第一歩といわざるを得ないものであります。これを何百年か係《かか》って成就していただきたいのでありまます。その間には無限といっていいような段階が存在するのであります。それが、すべてを貴照彦さんに伝えるものではないと言った理由であります。

また、すでにご存事のように、貴照彦さんのご師匠様の正一位明寶彦先生は、その肉体の細胞間の力を消し、壁を通り抜けることができたのであります。これはそのような不老寿の中における、第一歩であったのです。

人間とは何かどのような存在かを知る

もちろん今回与えられます、作法をそのまま公開することは許されません。しかし、このようなことがあり得るということは記しておくといいと思います。まさに、人草は驚かれることと思います。学者のような生活と違って、行に勤《いそ》しむような生活の中において、人間とは何か、どのような存在であるのか、ということを人草たちの上にお見せするということは、また学者たちにとっても、重要なことであります。

このことがまた一方において、学者たちの我がまま、自説にこだわる、一方的な考え方を改めるものとなるのであります。学者たちは真の学問というものを知らず、正一位マノミチノリノ命が申されますように、己の欲望を滅することなく、欲望のままに自説を作り上げるのであります。意味が少しずつわかって来ていただけたと思います。

裏の観法とは

次に、御稜威を飲みこむことを伝えます。今貴照彦さんは、裏の観法というものを草ぐさに実行されておられるのでありますが、この裏というのは、己の外の世界に対して、内の世界ということであります。この意味で使われることが多いのであります。

ここにおいても、緑を裏における観法として使います。前回には三字観法に言霊を付け加えたのでありますが、これも外に対して裏の三字観法というべきものであります。この緑に対して印があります。その印を裏返すことによって己の細胞の一つひとつが若々しくなって変化をしてゆくのであります。

先にタネオの大神様より、「ご神水＋塩＋お米＋お酒」をお盆にお供えをし、これをいただく作法を賜ったのでありますが、これも「肉の体」を癒すための裏の方法であります。長く続けている間に不思議と大きい病にかからずに過すことのできる方法であります。人間の肉の細胞の一つひとつに沁《し》み込んでゆくのであります。どうか長く、急ぎ効果を求めずにやってください。必ず効果のあるものでございます。特にこれは、ミヨに働きかけをなして、ミヨが喜ぶものであります。それ故に大きい病をすることがなくなってゆくのであります。

さて本筋に戻りますが、この縁を裏として賜る方法でありますが、これは、明朝においてそのご印と同時にお伝えをいたします。すなわち、色に対しては印があるのであります。これを正確に受けることができればまことに万才であります。これをマスターしてください。そうすると色々なことに使うことができます。すなわち、言霊であります。

また、その作法についてでありますが、これも明朝の清々しい時にお伝えできればと存じます。おおむねに、不老寿のことにつきましてはここに述べました。まだまだ多くのことを述べ、伝えねばなりませんが、今夜はこれで置きますので、明朝は発声で伝えます。

四、言　霊

〈フッキラノ命〉のお言葉

正一位フッキラノ命です。正一位フッキラノ命です。

言　霊

二日目の今朝は、言霊のことについて詳細に伝えます。この言葉、すなわち、この日の本における五十音図の一つひとつの言葉というものは、言葉としての一音一音ですが、その言葉の中には色もあるのです。この色は、まことに普通の人間にとってはわかり難《にく》いものでありますけれども、色がついているものです。

さらにそこに、印があるのです。手で作った印もあれば、身体《しんたい》によって作る印もあります。あるいはまた、物を使って表現するというようなこともあります。これらはすべて言霊であるのです。それがすなわち、「道《どう》」というものに通じてゆくものです。

「道」

したがって例えば、日本舞踊のような、踊りというものはその一つひとつの形の中に、動きの中に言霊が潜むものであり、その言霊が麗しいことによって、観る者に大きい力を与えるものになるのです。

またこれが、お茶の世界のようなものの中において、その一つひとつの作法の中に、また、言霊が入《はい》っているものです。また、その飾り付けの世界の中においても、そのようなものがあります。これは、日本舞踊や茶道だけでなくその他《ほか》にも草ぐさとあります。そこに飾られる絵であるとか、書であるとかも、そういうようなものの中に入ってくるものです。

残念ながら、外国《とつくに》のその問題は、しばらく置いておきます。

すべての中に道を見るのが言霊

こうして、すべての中に言霊、すなわち、「道《どう》」を見るというものが、日本の言霊の世界です。これが、神々の世界より降ろされたところの言霊です。けれども、残念ながらそれらのものを、この現世《げんぜ》の中において再現することは不可能になってきておるのです。これらの一つひとつを再現するならば、麗しい人間関係の中に人間自身を置くこととなるのです。さらに、一木一草、また動物との関係もよくなって来るものであるのです。

そのような世界に立つときに、まさに人間は完全な独り立ちをすることができるようになるのであります。

音　楽

今、音楽のことを外《はず》しましたけれども、「音《おと》」の世界においてもまったく同様であるのです。一音一音の音の中にも、そのような奇すしきものが含まれておるのですが、これも音を聴くというまことに特異な能力を要するものです。神々の世界において吟じられる音楽は、そのような能力によって受け取り、思い起こすことによって、ひとりでに再現することができるものです。

また、神々の世界においては、仕える神々が同時にこれを演奏したりすることができるものです。

これらのすべを解明することは、まことに難しいことかもしれない。けれどもそのようなものが、この日の本における神々の世界の中に連綿として続いておることを忘れてはなりません。

『神界物語』が言霊の世界から入った理由

人間は、魂のないクローン人間のような、あるいはまた、形だけの動きしかなさないようなロボットの世界に生きておるのではないのです。すべてに何らかの魂を持ちながら、言霊の世界において生き、また生かされておるものです。

そのような重大な言霊が、つねに人間の世界、日の本だけでなく地球の上においてすべてにわたって等しくなりなり響いているものです。それらを捉えながら、人間は言霊の世界において生きてゆかねばならない。それが、今回のこの『神界物語』にあたって言霊から入った、説き起こした理由であるのです。

しかし、神々の世界の中におけるこれらのものを簡単に現世《うつしよ》の中に移すことはできないのです。けれども、これを貴照彦は、すべての神界・幽界・冥界など奇すしき幽世の世界に入《い》ることを許されたのであって、それらを垣間見《かいま》ることができ、知ることができるのです。ここにそれらを、この現世に必要なものとして降《お》ろさねばならない。現世の上に住まいする人間のために、これらを移し取らねばならない。

言霊の響きの違いによって幽界・冥界を区切っている

貴照彦と同郷の土佐の宮地水位《みやちすいい》の大人《うし》による、いわゆる「神界文字」のようなものも現世に降ろされているけれども、単にそういう問題だけではないのであって、もっと深いところのものが言霊の世界として存在をするのです。それは、宮地の大人に伝えることができなかったことは残念であるけれども、そういうことがあるのです。

それらが、ふっと現世《うつしよ》に映し出されて、悟る者がいて、草ぐさのことを組立てるような者も無いではないが、如何せんほんのサワリ程度であるのです。

このように言霊というものは、まことに広範な世界の中を秩序立てておるのであって、これが神々の世界の中において鳴りはためいているものです。

それ故に、この神界の世界の中に容易に入って来ることはできないようになっておるのです。単に、警備を厳しくしておるからというだけではない。そういう言霊の響き〔の違いによって壁を作り〕、幽界・冥界というものを区切っておるのです。いわゆる、地獄・餓鬼《がき》・畜生《ちくしょう》の世界に呻吟する者においては、そのような言霊が鳴り響くのです。その人間にとって相応《ふさわ》しいものを与えておるのです。

因縁を落とすに相応しいものを与えながら育てている

すでに伝えたのであるが、地獄の火を、現世《うつしよ》における火として、まことに恐ろしいものとして捉えることは間違っておるのです。このことは伝えた通りであって、すべてにおいて、その人間が犯したところの罪を懺悔させるべく、救い上げるべく、何事においてもなしておるのです。

したがって、地獄・餓鬼・畜生のそのような世界において、神々の音楽というものを聴かすならば、一時《いっとき》は心地良きものであるけれども、まさに気が狂うような苦しみを味わうものとなるのです。それ故に、そのようなことはなしません。その者が因縁を落とすに相応しいものを与えながら、いわば育てているのです。そうでなければ、そのような者は一度に魂消《たまげ》──霊的な存在を消す──をしてしまえば終わりになるのであるが、そのようにはなさないのです。これが神々の慈悲であり、仏様の慈悲であり、愛であると思っていただかねばなりません。

「色」についての言霊

次に、「色」についての言霊のことを伝えますが、このアイウエオというものにも、それぞれにシンプルながらも韻《いん》があるのであります。これを五十音図のように、五つの段と十の行の二つで組立てるというのは、もっともシンプルな言葉です。ここに、濁音が入ったり、破裂音が入ったり、またつづまったようなものがありますが、それらは置くこととします。

左右の手を使う

まず、五つの段ですが、これを右手で作ります。これは右手であっても、左手であっても構いません。右手でアイウエオを作り、左手でカサタナハマヤラワの子音の各行を作ります。この右手と左手と両方を合体することによって、音《おと》を、五十音図の一つひとつの言葉を作ることとなります。――ア行は右手だけでよろしい――。まさに、点字や韓国語のようなものです。こうして、言葉、五十音図を形成し作ってゆきます。

それらを手際よく、その印を変化させることによって一つの言葉となるのです。

例えば、真言密教におけるところの、観音様の印がこれで、何々仏《ほとけ》はこれで、というようなものもまったくないわけではありません。けれども、本来の言霊というものは、一つの印で一つの音を表現することによって、一つの文章とするのです。そうすると、そこにそれが言の葉となり、また音楽となって鳴り響いてゆくものであるのです。

作り方

今、アの行、五つの段を伝えます。［右手を力をいれずに広げ］アは親指を折ります。イは人差し指を、ウは中指を、エは薬指を、オは小指を折ります。［折るのは一本の指だけです。］まことにシンプルで、この五つの指をアイウエオと親指から順番に折ることによって、五つの音ができます。

そこに、左手でもってここに子音を作ります。すなわち、ア行はありません。カサタナハマヤラワンという九つがあります。ンだけは、また後《あと》にします。そこで、十《とお》に対して、指は五つあって、そして、ア行がなくしてンがあります。したがってここに、この左手の五つの指を、曲げ方を変えて二回使います。

まず、ア行はよしにして［指を曲げずにそのままで］、カ行は人差し指を四角く折ります。サ行は中指、タ行は薬指、ナ行は小指、アカサタナの行までゆきます。次に後半は、ハ行からですが、今度はこの親指をこうして丸めます。マ行は人差し指を丸めます。ハマヤラワまで進みます。ンですが、ンは握りこぶしです。

こうして右手と左手で指を折って作ります。したがって、アは「左手はそのままで」右手の親指を折れば、これがアです。マは右手の親指を折って、左手の人差し指を丸めます。テは右手の薬指を折り、左手の薬指を折ると、テになります。

このようにして組み合わせて、この五十音図というものを両方の手でもって、作るのです。これを素早くやりながら、人間の言葉を伝えるのです。

ミドリの言霊

さてそこで、本来の「緑」ですけれども、この両手の指でもって緑の言葉を作るのです。そのためには、ミはイの段であるので、右手の人差し指を折り、マ行は左手の人差し指を丸めて、両方の手で人差し指を折ります。これでミになります。そして、ドは、タチツテトのオの段であるので小指を折り、タ行であるのでまた薬指を折ります。そして、リは、イの段であるので、人差し指を折り、ラ行であるのでまた薬指を折ります。こうして、ミドリの言霊を、印で作ることができます。

これを繰返します。そうすることによって、緑が響くようになります。単に言葉として出すだけではなくして、別の音《おと》が神界に伝わってゆきます。またこれが、御霊にも伝わってゆきます。このようにして、緑というものを唱えるのです。

そして、この緑という言霊はミドリであるので、ミは一つ、ドは二つ、リは一つですので、ミドリの四つの言葉、緑緑緑緑で一つの言霊になります。これを一つの段としますと、この段を四つ重ねることを二回は行います。すなわち、緑緑緑緑と八回以上は唱えます。この緑を唱え方は、「紫の法《のり》」において、紫を唱えるのと同じ方法であります。

言霊を吸い込む

次に、こうして両手で印を作り、言霊で唱えたそのものを、今度は、親指と人差し指でもって輪っかを作って、輪っかにはならなくてもよいけれども、左右の掌をくっ付けて、その掌を上にして、コップのようにして「すーー」と、それを飲みこむ。そうすれば、これが人間の体の中に入ってゆくのです。――左右に丸い取っ手の付いたコップから、言霊を飲み込むことになります。――

なりなり響くその音の響き、それを吸い込むことによって、人間の中にも入って行く。なりなり響くものは当然に、人間の体にも響いてくるものであるけれども、それをさらに飲みこむことによって己の体の中に響きができるのです。

これが、すなわち、緑の言霊です。草ぐさと、色々と手の指の動きなどを練習しながら、これを覚えるといいでしょう。そうすると色んな言葉を、これでもって発することができるようになります。まことにシンプルなものであって、祈願成就を願うときのような複雑な手の指の動きというものではありません。それをわかって欲しいのです。まことにシンプルな、簡単なものですけれども、これが鳴り響くのです。

何かを欲するような時に使う

そして、何かを欲するような時には、この手印《しゅいん》でもってお願いをするならば、それがひとりでに入って行くようになるのです。この使い方は、まだまだ草ぐさあるので、それを次に、フリタマによって伝えようと思うのです。以上です。

五、印の願事は速やかに届く

〈フッキラノ命〉のお言葉

正一位フッキラノ命であります。正一位フッキラノ命であります。

断食は霊体の動きを止める

お疲れ様です。断食をすることは、肉体の中は安定をしますが、生理的に苦しくなって来ます。それは今までの動きを止めるからです。しかしそれが、肉体の中の霊体の動きを止めるので、雄走りが通じやすくなるのであります。

人間の世界において使用されているものは

さて、緑のことについて続けます。前回において、緑の印の作り方についてはおおむねに理解をいただけたと思います。

これをさらに草ぐさに使うことができるのです。それは、印を通じて告《の》る、祈ることです。印を使用して願文を唱えることです。これによって、願事を届けることができるのであります。またこれは、神棚の前であっても神社であっても、どこでも通じるものですので使われるとよいと思います。特に、言語を発することができぬ方には有効な方法であります。当然、手話でもってお願いすることもできるものです。

人間の世界において行われている、使用されているものはすべて、神々の世界においても使用できるものであります。

印の願文は速やかに神界に届く

この印によって願文を申し上げるということには、実は深い意味があるのです。それはイナルモノに察知せられることが大変に少ないことです。印で伝えるところには、先にも伝えましたけれども、一つの霊界においてなりなり響くものであるので、その内容を盗まれることがないのであります。また、速やかに神界に届くものであるのです。

行法

以上でもって、大体の緑の言霊の出し方、伝え方はわかっていただけたと思いますので、次のことに移ってまいりたいと存じます。すなわち、これの使い方であります。緑を唱えてから、これを飲みこむことを伝えましたが、そのことをもっと使う全体の行法であります。

神歌《かみうた》がありますが、これは大権現から賜ります。さきにお伝えした通りです。

ここで忘れずに伝えますが、この神歌を印で唱えることはもちろん可能であり、ここまで進めば立派であります。一つの五七五七七の歌であり、これを手際よくできると嬉しいものでありますが、心の中において唱えるものであります。

さてそこで、先に旧社において賜りました、×印であります。刀印を両手で作り、左上にして、大権現の善言を小さく唱え、刀印の上下を入れかえて私の善言または「熊野のカラス」を三回唱え、さらにこれを元に戻して再び大権現の善言を小さく唱えるのであります。これによって、不可思議な力を賜ることになります。すなわち、緑が沁み込んでくるのであります。それが蓄積され溜ってくるのであります。細胞の中に新たな殻を作ってゆきます。これが行法であります。

観法

さて、以上でおおむねはでき上がって来ました。今一度整理をしてお伝えをしておきます。

第一は、熊野大権現の善言、第二は、神歌。第三は、作法（刀印）。第四は、印でミドリを唱えて、ミドリの言霊を飲む。ミドリ四回で一つ。これを二つまたは四つ唱え、これを飲みこむ。第五は、さらに言霊があります。この言霊は、三字観法の中に入れたものと同様であり、我が体を無限に拡大し、十方照射の体となったことを喜ぶものであります。少し瞑目《めいもく》をして唱えます。そして心中においてこれを観想するのであります。最後において、熊野大権現の善言を静かに唱えて、目を開けます。これで行は完成であります。

これを毎日実行いたします。多分五分～十分の間には終わるはずでありますので、今なさっておられる毎日のお勤めの最後になさってください。日に異に違ったものが出来上がるでありましょう。また同時にこの三字観法の中において伝えましたものは、これまで通りに、ご挨拶の最初にやってみてください。そうすれば、ここに、奇しびの変化が現れ、いつとはなしにその霊眼、霊聴が開いてまいります。

以上が今回の大きい御法《みのり》のことであります。どうかこれらを整理して、観法としてください。

次は、タネオの大神様より、さらに続けて詔がございます。発声でありますので、用意してください。そのお言葉を受けて、私からさらに自動書記でもって伝えてまいります。以上で終わります。

六、地球の上の道行がかかる

〈タネオノ命〉のお言葉

吾れはタネオノ命です。吾れはタネオノ命です。

まことに畏き熊野大権現よりの数々の御法《みのり》を賜りて、今日ここにその扉を開けることができることを、嬉しく思います。

汝、この扉は、これよりいよいよ汝《な》が行方《ゆくえ》を定める大きい道行を指し示すものです。その御法を如何に行い、如何になすかによって、その行くところは草ぐさにあります。私は、この道行の上に大きい光を差し当てて、惟神《かんながら》の正道《まさみち》を突き進ませんとするものです。

少し乱れているが心配なく

熊野大権現のみ言葉にあるが通りに、日の本のみならず、地球の上の道行は、汝に大いにかかるものと心を定め、吾れらが許に行わねばなりません。

この度ここに、その扉が開きて賜りしものは、少し入り乱れていますが何ら心迷うことはありません。その道をなす時、吾れらはこの修正に働きます。

今少しく、詳細に伝えてもよいかと思うところもありますが、汝が思うところを迷うことなく突き進みなさい。

しかして汝、貴照彦これより、さらなることに邁進《まいしん》します。すでに、幽界・冥界の扉を開けることを少し述べてあります。これを見直しておきなさい。これまた、正一位フッキラノ命よりさらに仔細なることを賜ります。

吾れここに、次に運ばんとするのは、これ奇しき国津神々の世界のみならず、御霊たちの世界のことです。汝、その奇しびの法《わざ》の開けたとき、いよいよここに大きい働きをなします。そこでさらに、フッキラノ命よりの誘いを賜るのです。

明朝はフッキラノ命より、自動書記《ふりたま》にて賜りなさい。その次も同じく自動書記です。明夜は畏くも、大神様の雄走り賜ります。これを待ちなさい。

汝、わずかにてよいので、御神酒を賜りて力を付けなさい。

吾れ嬉しく思います。

七、令和の時代の予見

〈フッキラノ命〉のお言葉

正一位フッキラノ命であります。正一位フッキラノ命であります。

令和の最初の五年間

畏くもナナヤの大神様の申される通り、この地球上における地震《ない》の災、狂《くる》い火の災、大水《わだつみ》の災など草ぐさに生じておることは、このことであります。今、コロナウイルスは地球的であり、これが令和の最初の五年間に起こる大きいことであることは間違いありません。

御霊たちの一時解放と紛争

これらがさらに、年々に大きくなってゆきましょう。さらにはまた、重大なることに気がつきましたか。幽界・冥界に入っている御霊たちが一時解放されるのでありまして、いよいよここに紛争が草ぐさに起きているのであります。この戦《いくさ》の火も次第に大きくなります。[令和三年八月十八日現在]

こうして、人間の精神を改め、同時に、この幽界・冥界に沈んでいる御霊を現世に返し、御霊に死という修行をさせることによって、その業因縁を落とそうというのであります。神々においては、実《まこと》に大計画であります。

しかしこの神々の大計画であることに気がつかないということにおいて、人間は何故に現世にあるのかということを忘れ、忘却の彼方に捨て去ったのであります。すなわち、神様[を忘れた]のことであります。

地球上から人類が消え失せてしまう

このような大計画の仕組まれていることには、大きな理由のあることであります。すなわち、すでにお気づきの通りに、このままでは地球上から人類が消え失せてしまうからであります。消えるのは構わないのでありますが、ここに残されている御霊たちの再びの修行場を用意せねばならんのであります。

貴照彦さんが申しますように、まさにこの地球、すなわち現世は地球霊界としての御霊たちの大きい修行場であるからであります。「肉の衣」をつけるということは、まことに大きい修行となるものであります。

真の外界を観るための道具は理性

また、人類が消え、他の動物が生き残る――どんな形であっても、放射能をあびて変形した姿になっても――残った時、人間の持つ理性というものを育てるのに、何億年かかるのかを想像してもらいたい。理性こそが大事なことであるのであって、人間と神々を結びつける最大のものであるのです。理性という力においてこそ、人間の心の中に、「誠の心」を養うことができるものであるからです。

このように人間は理性を与えられているのでありますが、神々を忘れ、神から遠ざかっているのであります。この理性によって人間は、万象《ばんしょう》を眺め、己の心の中を覗くことにより、本来においては神々を見なければならないものであるのです。五感六感というものが人間には授けられているのでありますが、これは「肉の衣」の上にあって、外界を認識するためのものであるのです。真の外界を観るためのものは、その道具は理性でなければならないのであります。ここにおいて、インスピレーションが起こり、神々との通信が生じるのであります。ここに媒介をするものは理性でなければならないのであります。

このように理性というものを正しく、真に働かせて欲しいと神々は願うのであります。しかしながら、現世は外界をながめる手段であるところの「肉の衣」でもって、世界、すなわち現世を作り上げようとしているのであります。これがまことに恐ろしいことであり、地球の破滅へと進むのであります。

旧来の宗教に限界が来ている

これは一方において、旧来の宗教に限界が来ている、ことを示しているのであります。すなわちこれが世界の「終末《しゅうまつ》」ということであるのです。このことは少し置きます。

それ故に、現世の上にこれ以上に文化・文明の進歩させることを止めようとしているのです。これは住江大神のお考えであります。

現在の「光の世界」において、地球上の人類はしばし生活をすることになります。まさに量子力学における「量子の世界」に入ってゆくならば、もう少しで新しい霊的な世界に入ることができます。さらにアインシュタインの解くところの四次元、五次元の世界に入り、この文化文明は大きく進化向上することになるのです。

しかし、この技術哲学をそのままに人類に与えることができなくなってきているのです。このことは、少し考えれば理解のできることであると思います。それ故に、ここに述べたようなことを人類に与え、苦難を与え、新たな人類を育て上げることをしなければならないのです。

現世の必要性

一つ落としましたが、動物に、生き残った動物に理性を与え、考えることをするのに何億年かを要すると申しましたけれども、この中に秩序と統一と調和をもたらすためには、さらなる天孫降臨《てんそんこうりん》が行われなければならなくなるのであります。

すなわち、日本をはじめ多くの国々の中の神話を見ればわかる通りのことが、再びに必要になってくるのです。この数億年の間に、秩序と統一と調和が生まれる前に、動物と動物との争いがあり、弱肉強食として、生殺与奪《せいさつよだつ》が行われるのであります。

今、この現世の世界において人類に対して与えることは、人間が見れば苦しいことのように見えるのでありますけれども、神々から見るならば何んでもない、ごくごく普通の修行とみるのであります。地獄の業火は、自らの犯した罪を消すための火であって、現実を通して、現実と照らし合わせて見るから恐ろしく、怖《こわ》く感じるのであって、御霊を救うために行っていることであるので、何ら神々はそのことに対して、苦しみを与えている、痛みを与えているとは思わないのであります。神々は何としても御霊を救いたいという慈悲の心、愛の心そのままであります。

ついでに申しますと、この苦しい世界に入るのはその御霊に縁《ゆかり》のある御霊です。もちろん明るいところに住んでいる御霊でありますが、救いに、説法のために行くのでありますが、その心すなわち、慈悲の心、愛の心、仁恕の心でもって向かうのであって、救いに行った御霊も、このことによって救われるのであります。まさに、十言神呪の世界そのままであるのであります。

宗教者・哲学者の誕生

この現世という地球霊界をそのままにせずに何とかして救い上げ、神々にまつろい、人間同士が互いに睦び合うような、秩序と統一と調和のとれた世界を造り上げたいと願っているのでありま す。これからいよいよ偉大な宗教者や哲学者たちの誕生がありましょう。それはこのような混沌とした時代であるからであります。

熊野大権現の御心

貴照彦さんには、時代を引っ張っている感じはほとんどないと思いますけれども、神々の世界においてはそうではありません。大きく時代を牽引しているのであります。これらの成果はいよいよこれから現れて来ようと思っています。ですから倦《う》まず弛《たゆ》まずご精進をただただ願うばかりであります。これは、特に熊野大権現の御心のうちのことであります。もう言わなくてもおわかりの通りに、その根本を取り締まるところの大神様であられるからであります。

以上で、本日の最初は終わりましょう。続けて述べたいと思っています。

八、宗教改革

〈フッキラノ命〉のお言葉

正一位フッキラノ命であります。正一位フッキラノ命であります。

災害が頻繁に起きるようになる

貴照彦さん話を続けましょう。熊野大権現の御心のうちであることをお伝えしました。このことにはさらに大きい問題が隠されているのであります。それは、先に地震《ない》の災い、狂い火の災い、大水《わだつみ》の災いなどのことを述べましたが、まさにこのことが間近に迫っていることです。今確かに外国においての山火事が発生し、日本だけでなく大水があります。先日も、地震が7.2のマグニチュードであり、三〇〇人余りの方がお亡くなりになりました。――令和三年八月十四日カリブ海のハイチの地震のことか――このような現象が、現実といった方がいいと思いますが、これから頻繁に起こるようになります。

その御心のうちは、今述べましたように御霊の業因縁を解き放つためであります。

しかし、この「ナナヤの宮」における神計画《かむはかり》に対して、これだけでは足りないというのです。すでにご存知の如く、ナナヤ大神は顕國魂《うつしくにたま》の神として上津彼方の神々の命《めい》のままに従うことを余儀なくされておられますが、上津彼方の神々すなわち、天津神々のお考えであられるのであります。

令和十年頃のこと

このことが起きてまいりますのは、令和十年頃のこととなります。すなわち、国々との「戦さ」が始まり、これが終わろうとする時に、このことが起きてまいります。

単なる戦さ事だけでは人草を入れ替えるには、十分でないだろうということです。これを全世界的になすにはどうすれば良いのかと考えますと、今まさに起きていることに対して、暦《こよみ》において一巡した頃が良いのではないかということです。暦とは天津金木の上でのことであります。

人類最大の問題は宗教改革

そこにおいて、どのように地球の上に残る人間を改めようとされているのかが、重大問題であります。すなわちそれは、人草の心を改めようとされているのでありますから、その御霊を改めねばならない。御霊の考え方を改めなければならない。そのためにここに残る人類最大の問題は、宗教改革のことであるのです。これまでの宗教の内で考えられていた壁を打ち破らねばなりません。それが根本であります。

その考え方に至るように、人草たちを導かねばなりません。要するに、外界をそのように仕組まねばなりません。そういう意味における外界の仕組みとは、自然に対する大きい災いであるのです。ですから地震の災い、狂い火の災い、大水の災いや、何かと自然からの猛威が生じるのであります。

これは自然からの叫びでありますが、一方において重要なことは、その変革を唱える、言い出す者がなければならないのであります。ここに宗教者が誕生しなければならないのであります。それぞれの宗教界において、そのことを言い出す人間が現れ出現してまいります。

その唱える内容が重要であるのです。

多神教が起きてくる

その信仰する神々に対して、ここに多神教が起きてまいります。

一神教においては、ユダヤ教やイスラム教を見てわかる通りに人間の考える幅が小さいものになるからです。そして、この多神教の中に天津神の信仰の種が入ってくるものとなります。従ってそこには、おのずと天照大神すなわち日の神に対する信仰が入ってくるのであります。

このようにして、一神教でなく、多神教でなければならないという声が湧き起こってまいります。かくの如き宗教改革の荷い手が現れてまいります。現《げん》に考えてみてもわかる通りに、文化文明が発達した今日、すでに砂漠の中に生きる、過酷な中に生きる宗教や哲学はいらないのであります。今ここに宗教の荷い手のことのみを伝えましたが、このことは世界中の哲学者や学者たちが唱えるようになります。

こうして新たな霊的な世界空間、すなわち多神教に基づいたところの哲学や学問でなければ、その道の学問が行き止まるからであります。学問の道を突き抜けるにはも、もう多神教しかないのであります。

特に、人間自身のあり方が問われるのでありまして、霊的人間として捉えねばならなくなるのでありまます。特に早く現れるのは医学でありましょうけれども、中々これを認める者は少ないでありましょう。おそらく哲学からの道が早く開けましょう。

既得権利の壊滅

さらにここに問題となることがあります。これは、自分の既得権利ということであります。自分だけでなく多くの団体のことであります。これを壊滅《かいめつ》しなければならないと考えています。このことは、これが順に行われるに従って表面に現れてまいります。

これは神様に対する大きな罪であります。早くこのことを打破し、それらの者の御霊に対して懺悔《ざんげ》をさせ、新生の地球霊界における荷い手として作り上げねばならぬと考えています。

熊野大権現にとりましても、このことに対して大いに心を悩ましておられるのであります。従って、これらの者に対して一方において不祥事件を起こさせ、それをはっきりと露見させることによって葬り去ろうと考えているのであります。これらはその者の本能をくすぐるように近寄れば、直ちに悪事に染まるのでありますので、比較的にたやすいことであります。

このようにして、地球全体を大きく変革させようとしているのでありまして、もう間もなくであります。

新しい「紫法十法」の真の意味

この時に当たり、この時代を見ながら貴照彦さんは生きて、助言を与えるような生活をなさねばなりません、それが真澄洞に与えられた大きい使命であります。ですから、これからの当洞の役割は、また使命は大変に大きいものと考えねばなりません。

今回ここに「フタマ」、「イツマ」などを賜りましたけれども、これらを積極的に使ってください。そうして人草たちの御霊に対して変化を与えてください。本当の人間になるための道であるのです。

ですから、本当の人間になるために、病を与えることもあります。この真澄洞に引き込むためであります。それが、今回において新しい「十言神呪」――第三と第四の組立ての裏であります――を与え、新しい「紫法十法」を現世におろしたところの真の意味であります。大きく世の中に打って出ることはありませんけれども、そこに現れた現象に対して、機敏《きびん》に対応し反応して導いてあげてください。

人類の先を予見する人・学者

これからの世界には、人類の文化文明を引き上げ、先を予見するような人、学者はいないのであります。

そういう意味において、これから貴照彦さんに与えられます霊眼、霊聴は真に貴重なところの鏡となるものであります。従って、そっと、この真澄洞に、この先はどのようになるのかを伺いに訪ねて来る者がでてきます。これはひとり実業家や政治家ばかりでなく、「竹の園生」の方々においてもあり得ることであるのです。その片鱗を現すために、また、草ぐさの世界を示すために取りかかるものが『神界物語』であるのです。よくよくこのことを考えてください。いよいよこれからの変革の時、我ら厳の神々は、大神様たちと油断なく心を引き締めてかからねばならぬとしているのであります。

今回の最後に、次のタネオノ命のことをお伝えします。新たなことをしなくてもよいので、英気を養って、タネオの大神様の下がられるのをお待ちください。さらに重大なことが述べられるはずであります。

九、熊野大権現よりの印可

〈タネオノ命〉のお言葉

吾れは、タネオノ命です。吾れはタネオノ命です。

汝貴照彦、吾れ嬉しく思います。吾れらがもとにひた向きにまつろいまつりてあるを、吾れは嬉しく思います。

熊野大権現よりの草ぐさの「印可」

汝、これの大年《おおとし》、熊野大権現の御許《おんもと》におきて、草ぐさの「印可」を賜りました。熊野大権現は御自《おんみずか》ら告られましたように、いよこれの大年をもちて、[汝の]肉体の上に諸々の変化が訪れます。このことをよく心得て日に異に生業《なりわい》を送りなさい。

しかしこれは、汝が、大きく心を傷ますことではありません。すなわち、大きい変化のあるのは、奇しびなことの開かれないことにあって、霊的な変化あることです。また、肉体の上にも、いささかはありましょう。

ここに、すでに草ぐさのことを告りました。それらの奇しきことが、いよいよここに一気に花開きます。吾れは、今日のこの時を待ち望んでいました。

先師のこと

汝貴照彦、汝《な》が疑問に思っていることを明らかにします。すなわちそれは、汝《な》が師、正一位明寶彦大人と、汝《な》が上に起こったことです。

ながが師、正一位明寶彦は、まことに生まれ落ちた時より霊的に恵まれていました。その霊的なるものを一挙に花開かせたのは、『生長の家』における指導者としてであり、また、浜松の地における海の禊なのです。ここに至るまでに、ながが師は、肋膜《ろくまく》すなわち胸を患って奇すしき因縁の数々を落としたことにあるのです。この最大のものは、己が身に病を得たところです。その病のもとに畏くも真澄大神を祈りまつり、縋《すが》りまつりました。ここに大いなる先駆けを、正一位マノミチノリノ命と共に起こしたのです。

しかしながら、この二柱の明神《あけつみかみ》、今や正位の明神《あけつみかみ》として活躍をしていますが、この哲学を十二分に開けることができませんでした。これはやむを得ざるところです。

しかしてここに、二柱の正一位の明神《あけつみかみ》の御《おん》哲学を賜りて、一つに統合するのは真澄洞貴照彦です。

眼の開くこと

汝、己が奇すしきところ［の霊能］が十分に開《あ》かずにありますけれども、吾れらが許によくぞまつろい、それを明かになそうとしています。

たびたびに告りますが、汝に眼《まなこ》の開《あ》くことなく、聾《ろう》者のごとくにあるは、これらは吾れら神々が仕組んだことです。平凡な一人の人間として、真澄神たちにまつろいまつるとき、その扉は順々に開《ひら》かれるのです。

その裏返しは、［令和五年の夏の行において大詔を賜り、汝自身が］神々に対する扉の一つひとつを開けなければならないのです。一つひとつの扉を開《あ》けないところには、十分な通信を行うことができません。すなわち、このようなことがなければ、正位の明神《あけつみかみ》また龍神《たつみがみ》たちも、その［印可の］中において賜って、現世《うつしよ》に落とすことができるのです。

このことの意味はおおむねにわかっていると思いますが、奇すしきところが開いたならば、まことに奇すしき霊界が数々とあることに、また驚くことでしょう。それら一つひとつの霊界を訪れて、その霊界に住む者との通信を取りなさい。いよよその時が来ました。これまた驚くことの数々でしょう。

八幡霊界はまことに広い

幽界・冥界の扉を開くだけでなく、草ぐさの幽世の世界、平凡な御霊の世界はまことに広いのです。八幡《はちまん》霊界といわれていますがまことに広くはるばるとあります。おのもおのも現世《うつしよ》における生業《なりわい》と、行いの結果との重ね合わせにより、その段階も奇すしきものがあります。

さらに、「ハルミの世界」あり、「ナナヤの宮」あり、国津神々の世界がありますが、さらにまた、真澄神でない神々の霊界があります。かくの如くに、国津神々の世界は数多あるのです。

汝はこれらを訪問しなければなりません。その「肉の身」を持って「ナナヤの宮」に入るのは間もなくですが、その「肉の身」のまままこれらのすべての世界を訪問することはできません。しかし、余裕の時を得れば、直ちにこの斎庭《ゆにわ》より草ぐさの霊界に入ることができるのです。まことに奇すしきことばかりです。

これらをまとめては、『神界物語』の幽界・冥界の探訪のこととなるのです。しかしここに、神々のいくつかの世界に対して、真澄洞の厳の神たちは汝が「肉の衣」を持って、共に伺うこともあるでしょう。

みずからの力で変えてゆく

一年いちねん年齢を重ねていますが、汝は奇すしき法《みわざ》を行い、自身の身を自らの力にて変えゆかねばなりません。そこに新たなものが、さらにさらに光るのです。

汝が奇すしき霊眼の開くとき、おのもおのもの人草の持つ「法絲《ほうし》」の糸を観ることがあります。また、その人草の「光背」を観ることがあります。その人草の「行方《ゆくえ》」を直ちに知ることができるのです。

吾れここに、熊野大権現より賜りましたことを告りました。

ここにさらに、大神様たちの大詔を賜ります。明早朝は畏くも田心姫命《たごりひめのみこと》の雄走りがあります。夏の真澄大神の言祝ぎの日、熊野大権現の大雄走りを賜ります。忝《かたじ》けなくこれを賜りなさい。

しかして、明朝、畏くも宗像大神に続き、さらに正一位フッキラノ命、汝が許にくだり自動書記にて伝えます。

汝、これらすべては熊野大権現の詔です。肯《う》べない賜らねばなりません。

十、大神様のお言葉

〈田心姫命〉のお言葉

吾れは、宗像に坐《ま》す田心姫命なり。吾れは、田心姫命なり。

天照大御神朝廷の御喜び

汝、真澄洞《ますみのほら》、貴照彦、この度の奇しき行《わざ》の数々に、吾れ嬉しや。宗像に坐す神々と共に、上津彼方における天照大御神朝廷のひとかたならぬ御喜《おん》びなるを、吾れ伝へるなり。

人草は神々の僕を忘れだした

貴照彦、これが地球《ちだま》の上はまさに人草の生《お》い茂りてあるなりや。これ、人草たちおのおのも、その人種の「フリタマ」（癖のこと）を大きく靡《なび》かせて、神々の僕《しもべ》なるを忘れだしたるや。このこと、上津彼方におきて大いなる憂ひごとにありければ、いよいよこれが御代替《か》はりて、大きな、大計画《おおはかりごと》なさんずや。

これナナヤ大神、平成の御代において、おのもおのも人草たちに祈り続けて、神の僕《しもべ》、神の荷ひ手にあることをわからすべく、大いなる勤めのありとしも、人草のそのことの目覚めることあらずなりや。

「竹の園生」に仕える賢き者

しかしてこれ、「竹の園生《そのお》」に奇すしき三種神宝《みくさかんだから》［の神を］送りてあらんずも、その姿、「竹の園生」のスメラミコトをはじめ、仕《つか》へる者たちにその心の伝わらずなりや。

汝されば、これが御代に来たるなれば、「竹の園生」に仕へんずの賢きの大御宝たちも、その罪・科《とが》逃れることあらずや。ここに草ぐさの異《い》なること、「竹の園生」に仕へまつるの賢き者どもの上にも起らんずや。

さらに、日の本における政治《まつりごと》におきても、人草に選ばれし者といへども、イナルかな異《い》なるかな、天津神々の心を悩ますところにあれば、いよよこれ、その人草を交替させ、力関係を失ふこと、変更のことあらんずや。これ天津神々の、計画《はかりごと》ならんずや。――政治家（国会議員）に対してのことでしょうか――

人草たちの上にも

しかして、人草たちにおきても、このこと起らんずや。また、このこと続きて起らんずや。外国、また然《しか》りなり。

これ草ぐさの、御計画《みはかり》あるを、貴照彦、確《しか》と見極めるべしや。

さればこれ、天津神々の御心に沿う者、これ引き上げ、またそれらの者より、異なるを引き離すなり。

これら草ぐさは、「ナナヤの宮」また、熊野に坐す神々、八幡大神の御許にある者たちの、全員《なべて》がかかりて、ここに大いなる変革をもたらさんずや。

汝よくよく見極めて、これ吾れらが許《もと》まつろいまつるなりや。吾れ今日の奇しきとき、伝へたりや。

汝これ、奇すしきところを開けば、吾れらがことわかりてあるなりや。吾れ嬉し。吾れ嬉し。

［終］

十一、霊界と現界

〈フッキラノ命〉のお言葉

正一位フッキラノ命であります。正一位フッキラノ命であります。

さて大神様のお言葉を賜りまして、早速に続けたいと存じます。もう記したいことは山程にあるのであります。

霊界と現界とはいわば地続き

さて、何から記しましょうか。日の本の国においては、まことに奇しきことが数々あるのであります。奇しきこととは、霊界と現界とはいわば地続きになっておりまして、当然そこには行き来があるわけでありますので、数々のものが霊界から、ここでは神界からでありますけれども、下《お》りて来たのであります。貴重なものばかりでありあります。

しかしながら、これ等のほとんどは神々のお指し図によって、現世から消されてしまいました。それはこの霊界と現世との区別をつけなければならない時が来たからであります。この両界の区別をつけねばならぬことは当然の成り行きであったのでありますが、やむを得ぬことと思うのであります。

霊界からの言霊、行き来する術

では一体それはどのようなものであったのかといいますと、特に重大なものは人間が行き来をするための法《じゅつ》であります。第二は、霊界から下がったところの言霊であります。特にその奇しき「大祓詞」のような言霊の詰まったところの文章であります。これは日本人にとって命ともいうべきものです。第三は、物品であります。特にここには織物があったのであります。その模様がまた素晴らしいものがありました。当然そこには美しい色使いがあるわけです。これだけにしておきます。

そこで、第一の霊界と現界とを行き来するための法でありますが、これは結局のところ伝わらないで、廃《すた》れてしまったのであります。これが現世に伝わっているならば、現世はまた違ったものにでき上がっていたのではないであろうかと、残念に悔やまれるわけであります。もちろんこのようなものが、現在までそのままに伝わって来るとは想像できないのであります。しかしこの現世において欲しいものの最大のことの一つでありましょう。

祝　詞

第二に、霊界において唱えられている文章であります。特に、神々に対するところの祝詞《のりと》の類でありましょう。神々の世界から神々に対する祝詞というと変に思われるかもしれませんが、これは本当のことであります。国津神々の真澄神々に対する尊敬というものは真《まこと》に大きいものがあります。そのことを神々の世界においては言葉で発して、相手に直接に伝えるのではなくして、祭事《まつりごと》として祭典を通して行うのであります。これは人間の世界においてはないことであります。

祭とは本来においてこのように尊敬の意味を相手に伝えるものであるのです。ここに祝詞があるのでありますけれども、まさにその祝詞が、言霊として相手の尊敬するところの神々に達する、届くのであります。ここにおいて相手の神々はその幸いなる言霊の中において己の体を大きく成長させることができるのであります。

このように言霊というのは、そのままに相手に対して直ちに届くものであります。しかしながら、日の本においては、この言霊の幸う国としてのことのみが残り、肝心なことは失せているのが残念であります。また同時にここに唱えていましたところの祝詞が種々と存在していたのであります。これも消えてしまったのであります。

「祝詞」を霊界よりいただいて来て欲しい

ここで私が申し上げたいことは、この「祝詞」、神々が尊敬するところの神々に対して唱えたところの祝詞を、貴照彦さんはぜひ霊界よりいただいて来て欲しいのであります。数々のものがあります。この中に奇すしき言霊が沢山に入っているのでありまして、人間が唱えるならばその言霊のうちに、幸せに浸ることができるものであります。また、ご神前において唱えるならば素晴らしいものであります。

さらに、言霊という学問の世界に対しても大きく寄与するものでありましょう。もういくら褒《ほ》めたたえても、たたえ過ぎることはないものであります。

またここに重大なことがあります。神界における文字のことであります。色々な発音の文字がある、存在することは間違いないことでありますが、これは文化の発展と共に変化をして来たものであるので、全てがここに下りるといいというものでもないと思われます。

しかしながら、この斎庭《ゆにわ》［ご神前］において幽界・冥界の司神《つかさがみ》たちとの会話においては、必然的にこの発音［発声］というものが行われているのでありまして、それを耳にする［聞く］わけであります。［意味のわからない］その時は、貴照彦さんは遠慮せずに聞き直して、それを確かめていただきたいのであります。またご自身の発音、唱えること、会話をぜひ録音しておくといいものと思います。言語学的にも貴重な材料として残るものとなりましょう。

さらに申しますと、神界における文字というものは、色々とあるものでありまして、一種類だけということはありません。これもまたおもしろい興味を引くものでありますが、それはここまでにしておきます。

織物のことまた模様のこと

最後の第三のことであります。すなわち織物のことであり、また模様のことであります。この色使いというものは、まことに奇しきものがありまして、貴照彦さんが霊界に昇られまして神々にお目にかかられます時、それらのことがはっきりといたしましょう。男の大神様、またお姫様方のお召し物はまことに美しく心を洗うものであります。

心を洗う。この心の中にまで響き、心を清めるものが本当の織物であるのです。残念ながら人間の世界はあらゆるものがごっちゃになっておりまして、神々から見ると異なるものと思われるものも、人間は美しいと思いながら見るのであります。

多様性とは

この人間世界には多様性という考え方がありますけれども、これは、真なるものと異なるものとの混合体であり、肯《うべな》うことのできぬものであります。それは一つには、神なるものとは何かという判別ができていないからであります。真なるものがわからずにあるから、すべてを混合して多様性となるのであります。

例えば、人間には白人、黄色人、黒人、さらにまた、これから行われようとするところの身障者のスポーツ大会、すなわち「東京パラリンピック」が行われようとしているのでありますが、これらはすべて人間として真なる存在であるのであって、一人たりとも不要な者、いらざる者はいないのであります。生まれつきや、何かで身体不自由となり施設に入ったりするのでありますが、それらの方々はすべて人間として真なる存在であるのです。

理由は、すべての方には霊的なものが与えられ、現世でのお仕事をされ、使命を果たされているからであります。ここに邪《よこしま》な考えでもって、それらを排除することはなりません。大きな罪となるのであります。これらの方々に対して「竹の園生」をはじめ心ある方々が、社会に出られること援助をされることは、貴いことであるのです。

グレーゾーンは本来において存在しない

このように真と偽《ぎ》ということの判別をつねに怠ってはなりません。この間のグレーゾーンというものは本来において存在しないものであります。偽やグレーゾーンに対して異なるものの介在があり、その社会を乱すことになるのであります。

残念ながら貴照彦さんには、そのような織物についての知識はございませんけれども、考えおいてください。

また、ここに色だけでなく、織《お》り方《かた》というものがあるのでございます。色についてはまことに種々とありますが神々の体内から発せられる光と相まって、まことに美しいものであるのでありまます。

このことが、『古事記』の中に「機織《はたお》りの話」として残されているのであります。草ぐさの話がありますけれども、須佐之男命様の話は、『古事記』の中のことで、十分に記載されていないのでありまます。大神様が自《みずか》ら告《の》られましたように、確かにその罪はあるのでありますけれども、これは「宇宙の剖判《ほうはん》」に伴って噴出するところの「泡」であって、誰か、どの神様かが負わればならないものであったのです。そのことは考えねばなりません。

「五大神社」の創立

以上で三つのことについて述べましたけれども、これらのできるだけ多くのことの「玉手箱」をいただいて地上にお帰りにならればなりません。これ等のものすべてがすぐに開かれるのではありませんが、少しずつ文化文明の進歩と共に、開かれ、後世の者たちは驚くことと思います。それが文化文明がしばし遅れるということの意味であります。

しかし、その本質はここに降りて来ているのであります。こうして、それ等が次の文化文明を進めることにおいて役に立ってくるのであります。飛鳥大人ではありませんが、ここに大きな宮殿としての「五大神社《たねお》」が創建せられるのであります。

以上で今回は終わりにします。続いて伝えます。

十二、霊界からの「玉手箱」

〈フッキラノ命〉のお言葉

正一位フッキラノ命であります。正一位フッキラノ命であります。

「郷に入れば郷に従え」

まず明朝は録音をつけてお待ちください。驚くことをお聞かせいたします。

さて、日の本に奇すしきことがあったことを、前回はお伝えしました。それらをぜひ貴照彦さんが神界に上がりました時に、「玉手箱」として賜って来て欲しいこととしてお伝えしました。今回は少し別の観点から、同様のことをお伝えしたいと思います。

神界・幽界・冥界といわずこれらの世界には、それぞれ奇しきものが沢山にあるのでございます。それはどこの世界においても同様でありましょう。「郷《ごう》に入れば郷に従え」というのは、それぞれの土地土地にはかけがえのないものが、それぞれに存在するからであります。それを無視して、生活をすることはできないのであります。

幽界・冥界においても存在する

神界においてのことを前回は、おおむねに述べましたが、幽界・冥界においても存在するものでありますす。それは何であるかと申しますと、第一は住んでいる世界、空間であります。あるいは、環境といってもいいものであります。

第二は、その世界の話し言葉、言語であります。前回にも色々な発音があり、世界によって話し方が違ってくることを伝えましたが、それとは異なります。すなわちそれは、その空間の時代を映すところの言語であるからであります。平安時代のような生活をする世界は存在しないことを伝えましたが、この話し言葉はそのままに生きている世界があるのであります。少し書き過ぎました。

次に第三として、その生業《なりわい》、生活ぶりであります。今、平安時代のことを述べましたけれども、時代時代によってまことに異なるものでありまして、まさにタイムマシンに乗って、別次元の世界に来たような感覚を覚えるものであります。生活ぶりとは、生活習慣が種々にあるのでありまして、そこでは宗教行事も行われておりまた、正月やお盆のような行事などもあるものであります。これも書き過ぎましたかな。

元に戻りましょう。

自然界を見て欲しい

まず第一の件です。住んでいる世界の空間、環境のことを申しました。すなわちこのことは、その住んでいる自然界を見て欲しいということであります。太陽はどうなっている。空気の澄み具合は。山や川はどうなっているのか、などであります。まことにその住む所、世界によって大きく異なっているものであります。

ご承知の如くに霊的に低い世界に行くほどに、太陽の光は薄暗くなってまいります。それは一体、太陽の光が少ないのか、雲によって遮られているものであるのか、ということであります。また、その水を如何ように使用しているのか、水道水であるのか、雨水を利用しているのか、また、トイレはどのようになっているのか、などであります。

さらには、食べ物はどのようにして調達されているのでありましょうか。店で売られているのか、自給自足であるのか。重要なのは稲穂《いなほ》であります。米であります。その主食は何でありましょうか。まことに数えればきりのない程にあるのであります。これが空間ということであります。

そこの住人たちの社会階層は、どのようになっているのでありましょうか。役場や病院など、また国の体制はどのようにして行われているのでありましょうか。さらには、着物の色、柄《がら》などもありましょう。人間の着けているものすべてについての観察であります。

時代時代により言葉は異なる

第二は、言語であります。少し述べましたけれども、また第一と重なる部分もありますが、時代時代により言葉は異なり、社会体制も異なり、第一に述べたことと同じような視点でもって全てを眺めることができるのであります。

特に言語の差というものに注意していただきたいのであります。これは例えば、京都人と鹿児島人とでは、同じ時代であっても全く異なるものであります。そういう土地土地の違いというものが、言語の上に現れているのであります。ですから、その世界に行き、話し言葉を聞けば、何《なに》時代のどこの土地であるのかということなどが、はっきりとわかってくるのであります。

生　業

第三の生業《なりわい》であります。これはもう、その社会に入《い》れば、言語以上にはっきりとおおむねの時代がわかるものであります。ここには通信方法の差や建物などを見ればはっきりいたしましょう。また、その食生活など、宗教行事などを通じて種々とはっきりといたしてまいります。どうか是非それらの空間、霊界において種々のものを食べ、また水を飲んで来てください。お酒ももちろんあります。

そして、伝えましたように、お正月、お盆、ご葬儀などもあるのでありまして、時期時期にそれらのものを見て来てください。霊界の中に葬儀があるということは、不思議のようでありますが、本当の話であります。何かの交通事故にあったり、自然災害によって死するのであります。その理由はその社会における生活において働きぶりがおおむねに終わったことを示しています。そして、次の「生《せい》」が待ち構えているのであります。いい生活に進む場合と、暗い生活に行く場合とが当然にあるわけであります。

また、不思議なことに、家庭生活は当然あるわけでありまして、子供の出産ということもまたあるのであります。それは、現世から移ったものもあれば、霊界での生まれ変わりというものもあるのであります。ことに不思議なことが様々に多くあるのであります。

どのような宗教を信じているか

殊にここに注意して見て来て欲しいものがあります。それは、そこの世界の住人の寿命でありま す。また、どのような宗教を信じて家庭生活を行っているかであります。その信仰がどのようなものであり、どのように変化しているのか。また霊界によって大きく異なるものであります。

かなりに、同じ宗教の者が同じような霊界の中に住んでいます。同じ宗教で一つの社会を作っているのでありますが、そうでないことも多々とあります。それは、他の宗教を学ぶためのものであり、自分の身に、修行方法として返ってくるのであります。

勤務とは、習い事とは、まことに現世と同じであります。そこの中から脱出をして新たな、改ためた生活を送らねばならないのでありますが、中々にそのように進まないのが現実となっています。

また、ここに異なる世界として、冥界のことがありますけれども、これは少し置くといたしましょう。

これらの視点というものをはっきりと定めて、それらの一つひとつを細大漏《さいだいも》らさずにメモを取り、記録を残していただきたいのであります。その記録が、いずれの時にか、玉手箱として開かれる時が参るのであります。次の時代を荷うだけでなく、現代社会に対する大きい警蹕《けいひつ》を与えるはずであります。これが『神界物語』でなければならないのであります。

今夜は、これから入り込む世界について、種々の視点についてお話をいたしました。明朝のことは、よろしいですね。

十三、大神様のお言葉

〈九頭龍大権現〉のお言葉

吾れは、吾れは九頭龍《くづりゅう》が、大権現なり。吾れ九頭龍の大権現なり。

九頭龍大権現は須佐之男命の仮の姿

汝、真澄洞貴照彦、吾が許《もと》まつろひてあるも、吾れ答うることあらず。吾れ今日の大佳き日《とき》、扉開《ひら》きたりや。

これ、吾が御許《みもと》を明かさんずや。九頭龍の御名《みな》、遠近《おちこち》にあらんずも、その心を伝へることあらずや。吾が九頭龍が大権現、これまた、奇すしき須佐之男命の、また仮の姿ならんずや。

吾れ九頭龍は、須佐之男命の仮の姿とて、奇すし人草の「肉の衣」を守るべしや。さらに、その人草の上に懸《か》かりし御霊どもを誘《いざな》ふべしやとの、［また］、幽世におきて迷ふ御霊どもを現世《うつしよ》に誘ふべしやとの、その仮の衣［姿］ならんずや。

熊野大権現と共にある

吾れ人草の上に、仏の道を説き、人の道を説かんず者の上［に対して］、吾が雄走りの至らんずや。吾が雄走り［分身は］現世にありて、これ限りなしや。さればこれ、九頭龍と唱へんずや、おのもおのもに人の道を限りなく伝へんずや。

されば吾れここに、その仮の姿、さらに現すべしやと、仏の姿の草ぐさにあらんずや。これ、これが仏の御稜威は、奇すしくともあるなり。

されどもこれ、「仏の道」の日の本に入りてすでに、一千五百年を経たりといえども、吾が姿は、熊野大権現と共にあるなりや。されば、これ日の本の人草たち、その向かうところを見失いてあらんずや。まこと「神の道」と「仏の道」と分かれ行かんずも、これ共にあらんずや。

吾が九頭龍の大権現、御名を唱へるとき、吾れ人草を正しき、真っすぐな道に誘ふなり。これ「神の道」また「仏の道」ならんずや。

イナル風は吾れらが上よりの風

地球《ちだま》の上これ、イナル風《かぜ》―新型コロナウイルス―の増々にあらんずも、これ吾れらが上よりの風と思うべしや。これ人草の上［に］、長《おさ》を作りしは、人草を守り、人草の道を尽くさんがためなるなり。


いよよ、これ、吾が道にありても、大いなる僻事《ひがごと》［を］打ち消さんずや。ここに、須佐之男命の大いなる雄叫《おたけ》びのあらんずや。これ「す」、「す」、すなわち、汝《な》が許にて導きしフッキラノ命の、「フツ」と「キラ」の混じりたるものなり。さればこれ、天照大御神の「す」なり。共にその御心の中に、これ貴くもあり、また奇すしくもあり、またそのことを成就せんずとの、成し遂げるべしとの御心の含まれてあらんずや。

吾れ、これが日の本の清々しくあるべしやと、今し、その首垂《た》らして、囁《ささや》きてあらんずや。汝これが「仏の道」は、「神の道」より知りて、これ人草を導くべしや。

「肉の衣」を和らげるべし

人草は、まことそれぞれの強き個性を持ちて、強き癖《ふりたま》を持ちて、ますますに「肉の衣」の固く固くありけば、吾れここに、その「肉の衣」の和《やわ》らげるべしと、これ草ぐさと告らんずや。汝、「肉の衣」の和らぎ、人草の道を正《ただ》すは、熊野大権現なりまた、九頭龍の大権現ならんずや。人草の上、貴照彦、誘うべしや。吾れ、九頭龍大権現とて、これ大いなる龍車乗りて駆け巡るなり。

汝《な》、吾が御許《みもと》また来たるなりや。吾れ、中有界《ちゅううかい》の隣にあらんずや。人草の一時《いっとき》の眠りを見定めるは、九頭龍の権現なり。御霊どもに水を与ふるは、吾が里なり。吾が里なり。仏たちなるなり。

［終］

十四、熊野大権現と九頭龍大権現

〈フッキラノ命〉お言葉

正一位フッキラノ命であります。正一位フッキラノ命であります。

九頭龍大権現としてご出現されることはない

早速にまいります。今朝の九頭龍大権現のご出現には驚かれたことでありましょう。あまりというか、ほとんどこうして九頭龍大権現としてご出現されることはないのであります。真澄洞は詔によって九頭龍大権現をご奉斎《ほうさい》（お祭り）しているのでありますが、お声を聞かれたのは初めてであると思います。

九頭龍大権現と熊野大権現は須佐之男命の二つのお顔

さて、そこで九頭龍大権現のことについて、これからしばらく記すことにいたします。九頭龍大権現は、いわば熊野大権現と共に須佐之男命様から出たところの二つのお顔であると思って差し支えないと思います。

この須佐之男命様のお顔の多様なお姿は、外国において見ることができるものでありますが、それはここでは置くといたします。日本においては、熊野大権現と九頭龍大権現が、その二つのお顔、あるいはお姿であると申していいものであります。両大権現を併記すると色々とわかることがあると思いますが、ここではあまり知られていないので、九頭龍大権現について記します。

九頭龍大権現は仏の道において多くご出現

この九頭龍大権現は、お言葉にもありましたように「仏道の道」において多くご出現されておられるのであります。この九頭龍大権現からさらに分裂して、別れて、様々な仏様のお姿を現されているのであります。

やさしい弥勒菩薩や観音様などがおられますが、これらはすべてそうであります。もちろん、阿弥陀様や不動明王などもそうであります。以前に、熊野大権現が、大峰山の忿怒《ふんぬ》のお姿をした不動明王も吾が姿であると申されたことがありますが、それは、こういう理由からであります。

ですから、一遍上人様が証誠殿《しょうじょうでん》において「偈文《げもん》」を賜りましたが、熊野大権現よりとなっていますが、これは正しく言えば、九頭龍大権現からということになるのでございます。

――偈文は「信不信を選ばず、浄不浄を嫌わず、念仏札を配るべし」というのがよく知られています。――

住江大神と熊野大権現

ここで、仏教はインドが発祥の地でありますので、そこのところはどうなっているのであろうかという疑問が当然に湧いてきましょう。まったくその通りでありまして、

ヒマラヤの麓において、釈迦を助けたのは間違いなく九頭龍大権現でありまして、仏教を哲学と

して大きく押し広げてきたものであります。

先に、住江の大神様が関わっていることを伝えましたが、何故《なぜ》、住江大神と熊野大権現が関わらねばならないかは、先にも伝えました通りに、ミ（水）・ホ（火）でなければならないからでありま す。すべて何事においても、一つのことが成る、できる、出現するためには、水と火とが合して、初めてそこに出現するからであります。

これは、人間が信仰ということを考える時に極めて重要視しなければならないことであります。単にあれが欲しい、これが欲しいと、水と火の一方の神仏にお願いするだけでは、実現しないものであるのです。これからの現世の生活の上において人間が考えねばならないことであるのです。

言わなくともいいと思いますが、この水と火というのは神産巣日神と高御産巣日神の両者が合《がっ》せねばならないということであります。このことは天津神と国津神ということとまた別の問題であります。

人間が生きる上においては、己の中に鎮まる魂のことを考えるならば、天津神と国津神が必要であるのでありますが、人間がこの現世において、何かを成し遂げたいと念ずるとき、そこに欲しいのは水と火という考え方であります。特に大きいことであればある程であります。

国々における信仰の形

話が広がりましたが、このように両大権現のもつ意味があるのであります。この両大権現は、水と火ということではありません。人間の様々な縁というものを考えるとき、幅広い選択を作ってやるといいのではないかということであります。

またこのことは、国々における信仰の形を示したものであります。その国々の人草の性質を考えて出現したものであります。これが九頭龍大権現であります。

八幡霊界へ吸収されてゆく

次に、この九頭龍大権現のもとにおいて仏道に励む教師たちが多《さわ》にいるわけであり、古来より考えるならば、どれだけの数になるのでありましょうか。これら住人たちも、いずれは、巣立つとき、それは八幡霊界へと吸収されてゆくのであります。まことに大きい仏道の世界であるというべきでありましょう。

八幡というは八百万《やおよろず》ということであり、すべてを飲み込むような霊界であります。このような大霊界というのが、地球上のあちこちにあるのであります。それも申しません。また、当然、そういう僧侶としてではなく好々爺《こうこうや》として信仰に励んだ者もいるわけであり、普通の霊界において、種々の信仰者と共に入り混じって生活をしているものでもあります。

さて、そこでこの霊界のことでありますが、九頭龍大権現は中有界の隣にあると申されましたが、まさに中有界を飲み込むような形において存在をしているのであります。それは、日の本の信仰を考えればわかる通りであります。葬儀は、ほとんどが仏式であり、わずかに神式、また教会式などがあります。ですから、死してここに仏様の下に参るのであります。ですから、中有界を飲み込んで存在をしているのであります。

死して後に初めて仏様に会う

しかし、このご縁において種々の手当てをしているのでありますが、これ等は中々、この中有界に入って来たばかりの者には、見え難《にく》いものがあります。ここにご先祖の御霊を引き寄せるのは、すなわちこの中有界に働く仏様たちであります。そして、御霊たちに草ぐさと働きかけをなしながらも、各々の御霊たちの「魂《たましい》」の源であるところの氏神様を求めて、とぼとぼと歩き始めるのでありま す。まことに死して後に初めて、仏様に会い世話になるのであります。

古来よりの風習のある「三途の川を渡るお金がいる」などといいますが、これはその者に求めるものでありますが、人間生活と異なり、今は「持ち合わせるお金もなく」空《から》であることを覚らせるがためのものであり、あの世でそれが現れるものではありません。

閻魔大王は九頭龍大権現の仮りのお姿

そしてまた、ここに大切なことは、幽界・冥界における閻魔大王《えんま》でありますが、これも、元をただせば、熊野大権現のお姿というものではなくして、九頭龍大権現の仮りのお姿であるのでございます。

こうして、この幽界・冥界というのは、両大権現の御許《おんもと》において、人間の死して最初に接する霊界の司神としておられるのであります。まさに根源を、人間の最も下の根源のところに存在し、人間を救うべく、そして反省を与えて立ち直らせようとされておられるのであります。

須佐之男命が、熊野大権現として現れた仮のお姿であるというのではなく、二つのお姿としてご出現されておられることをご理解ください。しかし、熊野の祈りとして、大権現を信仰されれば、九頭龍大権現にはそのままに通じるものでございます。

そこで問題になるのでありますが、熊野には、大きい三つの神社があるのであります。これらと熊野本宮大社に鎮まっておられる家津御子《けつみこ》の神様、すなわち須佐之男命との関係であります。これはまた、このことを一回分のテーマとして、お話をするといいものでありますが、簡単にいえば、別の姿ともなり、大権現すなわち須佐之男命の近くの大神様たちのことであります。本質はこの須佐之男命さまのところにあるものであります。また、いずれ申し上げることがあると存じます。今回はこれで。夜もまた自動書記であります。

十五、仏教と神道

〈フッキラノ命〉のお言葉

正一位フッキラノ命であります。正一位フッキラノ命であります。

さて、二十二日は、お申し出の通りに、午前午後と私の自動書記を行いまして、それから、「秋の真澄祭」となさってくださいませ。熊野大権現からの雄走りを賜うこととなります。今度はさらに今一歩踏み込んだものが下がるはずであります。

今回の熊野本宮大社・旧社での行は、熊野においでの神々ばかりでなく、多くのというよりこぞって皆々様方、神々の驚きと同時に祝福の嵐でありました。それだけお喜びと共に、嬉しく有り難く思ってくださる神々が大勢に現れるわけであります。神々は、この時を待っていたのでありますが、この状況に詳しくない正一位の神々もおられるわけでして、まさに驚きでありました。

さて、前置きはこれだけにしておきまして進みます。

九頭龍大権現の正体

九頭龍大権現のことの続きであります。未だに正体のはっきりとしない九頭龍大権現であられるわけでありますが、今回のこの『神界物語』において、その正体がはっきりと見えてくるようになりましょうから、嬉しい限りであります。

しかし、要するに、ここにまでこの扉を開けるまでに精進をし、身の清浄となった人間がいなかっただけであります。また特に異《い》なる神々の信仰においては、如何に、どのように清浄につとめても、そこには壁があるものであります。

そういう点において、神々の驚きの大きいものがあるのでございます。ひたすらにタネオノ命さまのお導きのままであり、タネオノ命さまの導きの偉大さがわかってくるのであります。

本筋に戻りましょう。このように九頭龍大権現の本体が、種々の仏様たち、すなわち、阿弥陀如来、大日如来、その他の仏様の根源であることがわかって来たのでありますから、その哲学的、学問的な考察もこれから起きてこようと思われるものであります。

この神仏の世界に対して、深く入れば入るほどその正体は、信仰によってそれを確かめるより外に方法はないものであります。そこで貴照彦さんがどのようにして、これを確かめるのかということが問題になるわけであるのです。それが二十二日の熊野大権現のお言葉であられるのであります。あまり私が、ここで話を開けることはできませんが、予備知識として少し話しておきたいと思うのであります。

壁を何とか取り外してもう少し共通的にしては

この仏様の世界と申しますのは、神々の世界と違いまして、それぞれに宗派別なものがあり、また、祖師といわれる方々の開いたものがあるわけであります。浄土系であれば法然上人の開かれたもの、親鸞聖人の、また、一遍上人とそれぞれにあるのであります。これは他の宗派においても同様であります。また、そこにおいて信仰するところの仏様、仏像においても異るものであります。

それ故に、ここにそのご縁に基づいて、身罷《みまか》ったところの人間、死んだ人間の向かうところも、それぞれに異なるのであります。簡単にいえば、人間との結びつきの強いものが仏教であるのであります。今、これらの壁を何とか取り外して、もう少し「仏教の世界として」共通的にしてはということも話し合われているぐらいであります。このことは、少しずつ話が進んでまいることと思います。

そのような仏教界の問題があり、また人間というものを真に懺悔《ざんげ》させ、改ためて、神々のもとにお返しをし、神々の修行に寄与するものでなければならないのではないか、ということになっているのであります。壁を取り除くということと関連をしているのであります。

生まれ変わりが遅くなる

要するに壁を取りはずして御霊を解放してやらねば、その成就、御霊の仕上がり、変な表現でありますが、生まれ変わりが遅くなるのであります。祖師たちの教えにおいても不十分であり、その本質を捉えていないものがあるからであります。現代の信仰の薄い時代にあって、尚更のことであります。これを立て替えて、新しい時代にあったところの仏教界にしなければならない。また、神道界には、神道界としての数々の問題がありますが、仏教においてはそうであります。

そこで、一体、この世界に対して中に侵入する、入り込むにはどうすればよいのかということが問題になるのであります。これらの宗派を開いた祖師の方々においては、如何なることを現世に伝えて、その事実を伝え宣伝をするか。すなわち『神界物語』に記録させるかということであります。九頭龍大権現の御許においてなされて来られたことでありますが、これらの祖師の方々を如何にして説得し、元に立ち返らせるかということであります。そこにいよいよ熊野大権現が大きい力をもって、それらの扉を開けようとされているのであります。なかなかに協議だけで話がつく問題ではないのであります。

まず祖師たちを救い上げ

すなわちそれは何かといいますと、熊野大権現の御力によって、まずそれらの祖師たちを救い上げ、本当の信仰とは何か、真澄大神たちのまつろいまつる信仰こそが真の信仰であるということを話し、説得し、ここから仏教霊界を統一してゆこうとしているのであります。これは近年における神仏分離令のことよりも、もっと大きく重大な問題であり、出来事となってまいります。これがまた現世の中に起きてくるのであります。多分百年はかかってこようと思います。

ここに再び神仏の合したところの新たな運動が起きてまいりましょう。しかし、その時には、一つの仏様、一つの仏像、一つの経典というようなものが取り払われてまいりましょう。非常にそういう意味で近づいてまいります。

しかし、神道界においては、これに反対をする者もいますが、人間を如何に救うのかという点において、次第に馴染んでくるものとなります。

仏教霊界の改革

さて、先々にまで話を飛ばしましたけれども、現世において如何にしてそれらの世界を巡るのかということが、大変であるということを理解して欲しいのであります。

さらにまた、ここにおいて九頭龍大権現は、神変大不思議《しんぺんだいふしぎ》を現さんともいたしております。これ以上に、このことについては申し上げることはできませんけれども、両大権現が仏教霊界の改革に対して重い腰を上げておられることを伝えます。

その上で、今回この仏教霊界に貴照彦さんが巡るのも、限られた世界において許されると思うのでありますが、この世界のことを記さなければ、『神界物語』が不十分になる、何か欠けた宗教について語ることになるわけであります。

もちろん、これら仏教世界の住人にとっては、「肉の衣」の上にべったりと着いたところの経典の内容があり、これらをそぎ落とすことは容易ではありませんが、これを落とそうというのでありますす。そしてそのことは、一挙に行われる可能性があるのです。すなわち、信長の比叡山の焼き討ちの如きことであります。

本来において仏様の本体は神である

本来において仏様は、その本体は神であるものであります。これがわからないと、霊界での生活は無意味なものとなるのであります。こうして、その祖師たちや仏色に染まった御霊たちの改革が始まってまいります。それ故に、これまでこの仏教世界として取り上げることもなく、漠然とした仏様の世界のまま、仏教霊界があるんだということで来たのであります。

これからは、この中有の世界はほんの隣において仏教霊界があり、御霊たちの世話をしているということを明らかにして、話を進めてまいります。

もう真澄世界を知る者にとっては、仏教霊界がおおよそどのようなものであるかは、察しがつくものでありましょう。

今一つ言い落としましたが、仏教世界においても、密教系と禅宗とには異なるところがあります。それは鎮魂を持つということであります。

また、一方において大日如来の世界を持つということであります。これらのことは、少し学んでおいていただければ、いずれの時か、私の方よりこうして講義をしたいと思うものであります。今夕はそういうことで、次の熊野大権現の事前の話と、仏教霊界のことなどについて述べました。

「ナナヤの宮」における覚悟

明朝は、畏くも大山祇大神様の雄走りをタネオノ命が預かってまいりましたので、それをお伝えいたします。今回の行などのことにつきまして、「ナナヤの宮」としての大方針などについて、お述べになられるはずでありますので、少し長くなりますが、録音をして、後でゆっくりと聴き直してみてください。「ナナヤの宮」における覚悟というものがひしひしと伝わってまいります。それだけ真澄洞の貴照彦さんに期待するものが大きいと思ってください。

その後は、第二回、第三回はそれを引き継ぎタネオノ命からお話がありますので、心を正してお受け取りください。いよいよ重大なことが次第に明かされ、これからの計画がわかってまいります。

最後二十二日の、午前午後のことにつきましては、またその時にお伝えをすることといたします。ご苦労でございました。今回の最後の佳境《かきょう》をお待ちください。

十六、大神様のお言葉

〈大山祇命〉のお言葉

吾れは大山祇命なり。吾れは大山祇命なり。

汝真澄洞貴照彦《たかてるひこ》、吾が詔《みことのり》のまにまに誠を尽くしてあらん。吾れ嬉しく、さらにここに吾が詔を伝へんず。

汝、この度の熊野大権現の御許における奇《く》すしき詔の数々を聞きたるや。これまことに奇すしき法《わざ》にありて、これが詔の伝わらずは、現世《うつしよ》の世界なり。すなわち、人草のみならんずや。

現世は険しきことが数々に起きる

これ現世《うつしよ》はまことに険《けわ》しきこと数々に起こらんず。それらを荷うは、幽世の世界、天津神、国津神、また幽界・冥界におらんずの、なべての御霊どものなすことならんず。

かくして、まことに異なる世界を引き起こさんずとあらんずも、ここに人草たちを目覚めさせせんずとあるは、貴照彦なり。汝、大いなる霊名[貴照彦]を輝かせては、これが人草の上に輝かすなりや。

吾れこの度、貴照彦に告りしことの数々、まことに奇しびなること多《さわ》にあらんずも、汝、熊野大権現の御詔《おん》にありし如くに、いよよこれ最後の関門に至れば、賜りし奇すしき観法《みのり》もて、汝その「肉の衣」また、「霊の体《からだ》」と共に、これ自在に働かすべし。

汝、この度汝《な》が許に下がりし草ぐさの奇しき法《わざ》はなべて「肉の衣」をまた、「霊の衣」すなわち霊体を、自在に働かさんずことにあるなり。また、遠眼鏡あり、通信のあり、鏡のあらんずや。さればこれらのことといよよ一挙《いっきょ》に花開くなり。

さればこれらは、「肉の衣」に備わりし五感六感をも超越したるところの、人草とありて最高の能力なることを知るべしや。これより外《ほか》に人草の上に授けるものあらず。

すでに知りたるが如くに、これ真澄洞貴照彦にこれら奇しき法《わざ》を一つとて授けざりしは、汝の人を救わんずと動くことの早ければなり。さればこれ、授けざるは吾れらナナヤの神々「の心」ならんずや。

トウミラの時

いよよここに、トウミラの時を迎へて人草たちのいよよ乱れんず。これ新たに人草を導かんず。二十一世紀の日の本における救世主として、ここに送り出さんとするなり。さらに、これ人草の上にキリストとして送り出さんとあらんずも、これら不可思議の能力のみにては、汝が立ち向かうことできざるなり。

さればここに、異《い》なるかな異なるかな、それら人草を導き、さらには乱れし国々を治めんずの力の要らんずや。それら、一つひとつの力を付けんずとあるなり。いよいよその力を付けんずこと、これよりの一年《ひととせ》の間《かん》なるなり。

されば、汝この度の奇すしき法《わざ》は、これが神床《かむどこ》におきて学びに学び賜ひて行うべしや。その法の進みて、いよよ明年の春に至りて、奇すしき「十言神呪」を賜ると共に、さらなる奇しびの法を伝へるなり。それらの草ぐさの法、最後の印可を賜りて、神々に見合うことは明年葉月ならんず。

「竹の園生」を護る

いよいよこれもて、日の本ことに「竹の園生」のこと護るべしや。すなわち、アメノミスマルノツルギ、これ一つの奇しき道具ならんずや。新たに、「八神殿」の造作またあらんず。「竹の園生は、己を祈るにあらずや。人草を祈りてこそ、竹の園生なり」。これが地球の上は残る隈もなく「竹の園生」の内とすることこそ、「竹の園生」の働きならんず。

そのこと知りて、つつがなく真澄洞《しんちょうどう》守りてあるべしや。また上津彼方の神々の守り導くところなるなり。

汝いよいよ、これが地球の上は十数年の後《のち》にすっかりと新たなる人草の世とならんずや。日の本の力輝くなり。しかして、「十言神呪」の「竹の園生」に伝へんずこと、いよよそこに来たるを知るべしや。知るべしや。これ「十言観法《みのり》」、磨きに磨きかけるべしや。これ、住江大神の御御心《おん》なるなり。

吾れナナヤ大神の大詔受けて、これ詔をくだしたり。吾が告りしごと、畏くもタネオノ命よりさらに賜るべし。

汝吾れ、明早朝ナナヤ大神の詔あらんずを告りて下がるなり。［終］

十七、霊界に入る

〈タネオノ命〉のお言葉

吾れはタネオノ命です。吾れはタネオノ命です。

汝貴照彦、吾れ嬉しく思います。己の体《からだ》の無きが如くに、虚《うつ》ろになることに務めて、吾れらが許《もと》に御心のうちを捧げています。汝が御心と、吾れ嬉しく、忝《かたじけ》なく賜ります。

「竹の園生」に

汝、いよいよここに、大山祇命の奇すしき詔を賜りました。この詔は、すでに節々《ふしぶし》に伝えたこともありますが、さらに吾れら神々の御心のうちを告りました。吾れらの心の内を頷《うず》ないて、聞きなさい。

ここに告るのは、日の本のこと、ことに「竹の園生」のことです。すでに「竹の園生」に「十言神呪」を伝えなければならないと、度々《たびたび》に詔が下《さが》っています。

ここに、奇しびの法、すなわち、「雄走り」を働かすとき、雄走りて「十言神呪」を奇すしく伝えるのです。そのときに伝わる「十言神呪」は、深い「十言神呪」であるのは、すでに知るところです。しかしながら、この深い「十言神呪」の学びは、さらに重ねることが必要であるのです。これは、畏くも住江大神の御許《おんもと》にかしづきて賜らねばなりません。これは、明年の夏を過ぎてよりのことです。数日間のことであれば、大きく生業《なりわい》を動かすことはありません。汝は、これを霊眼に写し取りなさい。これ住江大神の御許に書き写すのは、正一位アキヒトラノ命です。真澄に輝きた御体《おんからだ》をもって、汝に授けましょう。さらにまた、奇すしき「玉手箱」があるでしょう。

ハルミの世界

その行法《みのり》を賜り、行《ぎょう》じて、「竹の園生」に雄走るのです。この行法《みのり》にてスメラミコトが行ずるとき、奇すしき、奇すしき「紫のスメラミコト」が誕生するのです。

多くの人草を己の内に入れるのです。己が内に取り込んでは、日の本のいよいよ大きく輝くのです。日の本の輝くは、ハルミの世界におけるスメラミコトが輝くことになるのです。

外国《とつくに》におけるハルミの世界は、途切れ途切れです。御世《みよ》御世の霊界はありますが、そのハルミの世界は、日の本のハルミの世界に並ぶことはありません。すなわち、外国における御世御世におけるハルミの霊界は大きいのですが、この度の熊野大権現の印可でもって入《い》ることができるのです。それらの御世の皇帝たちまた、民草たちと話をしなさい。これらは同じように、『神界物語』に載《の》せなさい。

「紫のスメラミコト」の誕生のとき

しかして、日の本の輝くとき、さらに「紫のスメラミコト」の誕生するとき、スメラミコトの霊系、また家筋の途絶えることはありません。このことはまことに重大なことです。すなわち、スメラミコトは現世《うつしよ》の上に輝きて、その「肉の体」の家筋の途切れることはありません。まさにその男《おのこ》の直系に引き継ぐのです。

汝、現世にて、子供《おのこ》に恵まれざる家々のあるはまことに悲しいことです。これは家々において、いずれの時にか人を殺《あや》めしことの償《つぐない》の現れしことです。その償いの如何に現れるかは、人草の知ることのできないところです。しかし、「ナナヤの宮」における神々は、遠眼鏡を見てその家々を祈っています。嘆くことはありません。

ここに、「竹の園生」のことを伝えました。

両大権現の霊界へ入る刀印

吾れさらに、汝貴照彦に神床においてなすことを告ります。これハルミの身《み》、ハルミの体《からだ》を作り、飛び上がること度々に伝えました。この法《わざ》を行《おこな》わねばなりません。

こたびの熊野大権現における印可を賜ってわかるように、まず第一になさねばならないのは、熊野大権現の印可です。それらの草ぐさの法をなすに先立ち、まず行います。すなわち、熊野大権現の「刀印《とういん》」です。

吾れは今、右の刀印を左の刀印の上に重ねるので、左の刀印は右の刀印の下にあります。これは大変重要で意義のあることです。草ぐさの霊界に入《い》るには、右の刀印を左の刀印の上に置き、熊野大権現の善言を静かに唱えます。上下を反《かえ》してフッキラノ命の善言あるいは、「熊野カラス」と唱えます。元に戻して、右の刀印を上にして、これ静かに熊野大権現の善言を唱えます。

これ異なるかな、九頭龍大権現の御許《おんもと》に入る時は逆に、左の刀印を上に置き、まず九頭龍大権現の善言を静かに唱えます。しかして、刀印を上下入れ替え、ここに熊野のカラス三回または、フッキラノ命の善言を唱えます。入れ替えて再び、左上にして九頭龍大権現です。

こうしてまことに奇すしく、広き霊界に入ります。九頭龍大権現の治める「仏の道」の世界は広いのです。日の本の大きい霊界は、これすでに千五百年の間《あいだ》になります。

外国における霊界に入る

さらに、これ外国《とつくに》における霊界にも入ることができるのです。奇すし、奇すし、まこと奇すしいことです。これらのことを明らかにした者は、未だにいないと知らねばなりません。そして、外国における宗教の世界に入るには、熊野大権現または、九頭龍大権現のこの御印を使います。いずれかで入ることが可能です。

かくの如くにして、須佐之男命の治《しろし》めす世界の大きいことを知ることができるのです。汝、いよよ奇すしきこれらの世界に入りて、草ぐさを学び、現世《うつしよ》に降ろさねばなりません。これが、『神界物語』の外国《とつくに》の巻となるのです。したがって、それぞれの国に、汝は足を運ぶのです。まことに不思議なことです。

身体を若返らすこと

さらに、汝がなさんとする法《わざ》は、ハルミの身となるのみでなく、その身を若返らせることにあるのです。この法は、今回賜りてありますので、行法《みのり》、すなわち観法《かんぼう》を整えて執行しなければなりません。吾れ、また正一位フッキラノ命、その誤ったところを告ります。

吾れここに、「竹の園生」のことと、汝《な》がことを伝えました。

さらに畏くも大山祇命の詔のことを伝えます。

十八、民主主義と独裁主義

〈タネオノ命〉のお言葉

吾れはタネオノ命です。吾れはタネオノ命です。

吾れ嬉しく思います。さらに話を続けます。

大きい人草の交替がある

汝貴照彦、いよいよ日の本の上のみならず、外国《とつくに》におきても、大きい人草の交替があります。しかも、それぞれに、幽界・冥界に呻吟する御霊たちが解放されるということです。今、吾れさらに言の葉を伝えよう。

汝、人草の一代《いちだい》の大仕事は、これが現世《うつしよ》における生業《なりわい》においてなした実績にあることは、言を俟《ま》たざるところです。その次は、現世《うつしよ》を去る時です。人草においても、御霊においても、その時を迎えるのは、己が心の内に悲しみと共に、来し方《こ》(過去)のことを思い浮かべるのです。

されぱこれ、来し方の草ぐさを如何に送ったかによって、中有界における過ごし方もまた異《こと》なるものです。中有界においてその者が語らずとて、産土の神々の眺めれば、明らかにわかることです。それ故に、これを隠すことなく己の心を虚しくして、懺悔《ざんげ》の心がなければなりません。

御霊を交替させる心

ところでこのことは、これ以上に深く話すことはいたしません。けれども、今、現世を去った人草たちが沢山《さわ》にいます。その者たちを生まれ変わりとして落すのでなく、いずれの時か、現世《うつしよ》にある人草たちの御霊と交替させるのです。

御霊を交替させれば、その者が現世を去るとき、その御霊は生業《なりわい》において犯した数々のことを持って中有界に至ります。ここに、懺悔の心の生まれるか、否やです。懺悔の心の生まれる時、再びに幽界・冥界に戻ることはありません。すなわち、現世《うつしよ》にわずかの間においても学べば、その信仰の心が現れましょう。そうすれば、法絲の糸を手繰《たぐ》って登ることは容易《たやすい》でしょう。かくしてその御霊は救われるのです。

宇宙の定めであって因果応報と捉えるは誤り

このことは、宇宙《うちゅう》の定《さだ》めであって、因果応報とのみ捉えることは誤りです。人草はすべて、神の御霊を宿すものであれば、必ずや神の御許に至らなければなりません。

かくして、その御霊は新たに生まれ変わるのです。

おおむねの大略的な働きを示しました。しかしながら、このことを悟ることのできない者、これらの御霊もまたあるのです。まことに悲しいことです。

このことは、諸々の戦事《いくさごと》の時に起きる、現れるのです。すなわち、紛争です、戦争なのです。

民主主義と独裁主義

かくして、己が御霊の交替し、身罷《みまか》っても、懺悔して救われる者もあります。

また不思議なことに、その御霊を守り、現世《うつしよ》の生業の長く、寿命の長い者もいます。この御霊は、また奇しびです。その生業において懺悔のことを尽くすからなのです。かくして、この後《あと》に残された者は苦しみの中にあるといえど、かくして人草は現世を去るのです。御霊たちは、人草の上に懸かるのですが、神々はその動きを眺めているのです。

しかして今、民主主義でなく、大きい力をなす独裁主義の国々の大きく現れていますが、これらのすべては虐殺された者の大きい反逆があるのです。これは、今私が告った通りです。したがって、これらはいずれの時か、潰《つい》え去るのです。

何故《なにゆえ》に、独裁的社会より民衆的なる世界を選ぶのかは、その御霊たちの選ぶところの道《もの》が多くなり、修行に役立つからです。まことに奇すしきことです。

かくして、御霊たちの大きく生まれ替わるときが、いよよここに来たのです。

鎮魂より他にない

さらに告るのは、汝の草ぐさの変化です。いよいよ長月に至れば、おもむろにその変化が現れましょう。心静かに待ちなさい。

しかして、奇すしき御法《みのり》を行いて、これが神床にしばし鎮魂《たましずめ》をなさねばならない。少しずつ磨かれ、魂が開かれます。すなわち、鎮魂より他《ほか》にないのです。汝が気付かずも、その間に魂が効果はことまことに大きいものです。その扉を一つひとつ開ける鎮魂を行いなさい。

日本の上の政治の上にも大きな変化

いよよ日の本の上の政治《まつりごと》の上にも大きな変化があります。今告りましたように、その変化は政治《まつりごと》の上にも現れます。草ぐさの上に大きい変革があります。さらに、現世《うつしよ》の上に権力を持つ者の上に、その変革があります。――安倍晋三元総理大臣の銃撃事件のことなどか――

真澄洞

汝、言の葉やわらかく、その身を鎮めて、神々の御姿《おん》のみ眺め進みなさい。家族親族《うからやから》たちの上に、また思いもかけぬことが起こりましょう。まこと不思議なことです。吾れらすでに仕込んであるので、これを賜りなさい。
しかして、真澄洞は麗しくあります。汝、いよいよ明早朝ナナヤ大神の雄走りを忝《かたじけ》なくも賜りま
す。その次は、畏くも住江大神の雄走りを賜ひます。
そうして、秋の真澄祭の御祭りには、畏くも熊野大権現の大詔を賜ります。この度の御行《みわざ》の大き
ことを知りなさい。吾れ嬉しく思います。

十九、大神様のお言葉

〈大国主命〉のお言葉

吾れは、大国主命なり。吾れは、大国主命なり。
真澄洞《ますみのほら》、貴照彦、吾れ嬉しや。吾れ嬉しや。
吾れら、「ナナヤの宮」における神々のこと、汝、わかりたりや。吾れ嬉しや。

「ナナヤの宮」のために尽くせ

汝、現世《うつしよ》にありて、正位の神として、吾れら「ナナヤの宮」のため尽くしてあれや。吾れ「ナナヤの宮」上がるとき、正位の神と迎へんずや。
汝、しかして、現世《うつしよ》ありて、人草の「願ぎ事」を聞きては、これ吾れらが許に誘うなりや。吾が

大国主の大き荷ひ手として現世あるなりや。

吾れ嬉しく、真澄洞、称えまつるなり。

今日の大佳き日、畏くも須佐之男命、さらに奇しきこと告らんずや。

吾れ、吾れ嬉しや。

〈タネオノ命〉のお言葉

吾れは、タネオノ命です。吾れはタネオノ命です。

今日の「真澄大神の御祭り」の大佳き日に賜りました。こたびの大行《おおわざ》をまことに嬉しく思います。

さらに、畏くも住江大神大詔を伝えます。吾れまた嬉しく思います。

二十、大神様のお言葉

〈住江大神〉のお言葉

吾れは、住江大神なり。吾れは住江大神なり。

行の成就を言祝ぐ

汝真澄洞貴照彦、この度の奇すしき行《わざ》、熊野大権現の御許における草ぐさの御行《みわざ》修めまつり、さらにはこれが真澄洞《ますみのほら》に草ぐさと賜りしは、まことに目出度しや。

汝、この度の行《わざ》、おおむねに国津神々の御許《みもと》における大いなる、また奇しびなる法《わざ》の数々にありて、吾が告るところにあらずや。されどもここに、いよよ奇しびなる法の数々の完成し、汝が御霊《たま》の行くところ数々に開《ひら》けんずとありて、これ、成就なさんずや。

中品の「十言神呪」

しかしてその時、いよよここに「十言神呪」、さらには深き「十言神呪」、これ成就するなりや。一つひとつの観法《みのり》を伝へんずとあれば、これ完成し成就すべしや。

汝、その完成の時は、これ吾が宮居《みやい》なり。吾が宮居におきて数々のこと、また学びのあるなりや。その学びは、いよよ奇しき眼鏡もちて、吾が住江の世界へ誘なわんずや。これ、「浦島の話」のあるが如くに、まことに奇しびなる世界にありて、「玉手箱」を賜うべしや。これが玉手箱、天津神々の御許《おんもと》に入りて、その奇すしき御言葉《み》のささやくが如くに聴こえんず。その大いなるみ言葉、深くふかく誘い賜るなりや。天津神々の世界のこと、また明らけく、明らけくなすべしや。

ここにその先駆けとして、いよよ明年年明けて春、これが「十言神呪」、さらなる中品の『十言神呪』、汝が師・正一位明寶彦命、また正一位マノミチノリノ命、ながに至りてさらに告るなりや。

言霊の神

汝この時までに、その奇すしきところの数々を開きて、吾が来たるを待つべしや。その時、汝は天津神々の姿をはっきりと見、はっきりと対面する時のあるなり。いよよこれより草ぐさの御祭りあらんずも、吾れその折々に雄走り送りて、そのつつが無きを導かんずや。美味《うま》し言霊の稔りあらんずや。言霊の幸《さきは》うて、汝その威力をつつがなく賜ふべしや。言霊の御力を賜ふべしや。これにてなべて整はんずなり。

吾れこのこと伝へんずと、真澄洞くだりたり。汝、草ぐさの言霊をなべて幸《さきは》わすべしや。吾が「言霊の神」、これ真澄洞の斎庭に送りたりや。言霊の神を賜りて、これ奇すしことの成就すべしや。吾れ嬉し。吾れ嬉し。[終]

〈タネオノ命〉のお言葉

吾れは、タネオノ命です。吾れはタネオノ命です。

吾れ、この度の行をつつがなく終わるに、畏くも住江大神の雄走りを賜り、今、伝えました。汝、この度の行、いよいよ最後の完成の時にあたり、汝が告りた「言の葉(祝詞)」のまことに速やかに届き、「言霊の神」を賜りました。「言霊の神」を賜りましたが、しばらくは、厳《いつ》き祭ることはありません。自分の身の上に、奇すしく言霊の雄走るのを感じてください。吾れ嬉しく思います。

二十一、大神様のお言葉

〈熊野大権現〉のお言葉

吾れ、熊野大権現なり。吾れ熊野大権現なり。ははは……。

本性の現れ

貴照彦、いよいよ汝が本性《ほんせい》の現るるとき来たらんずや。

汝が貴照《たかてる》、これ大きく輝くなりや。天照大御神の日の光を受け止めて、その「す」の中に、奇しき妙《たえ》なる言霊の幸うてありければ、これ日の神の輝きをそのままに現世《うつしよ》現すべしや。

さればこれ、汝が本性の現るる時と申すなり。これ、吾が須佐之男命と共になすなりや。されば奇しき法《わざ》、いよいよ奇しく輝きわたるなり。

汝この時を経《へ》て、いよいよ明年、吾が許におきてアメノミスマルノツルギ賜ふ時、汝が許に、異《い》なるもの奇すしきて近寄るものあらずや。さればここに、天上より奇しびの言の葉の舞ひ降りんずや。奇しびの音楽《おんがく》奏《かな》でるを聴くなり。

それ、明神《あけつみかみ》龍神《たつみがみ》たち、汝《な》が許にひれ伏しては、これ人草の上に働かんずや。

貴照彦、その御名輝かすべし。これが真澄洞《ますみのほら》ささやかなれども、その頭上に輝く宮居の輝かしけれや。

吾れ奇しきことの数々、これ上津彼方より賜りしこと、告りたりたりや。汝肯《うべな》い聞《き》こし召《め》すなりや。［終］

あとがき

（一）『神界物語』は、「十言神呪」の組立てへの完成の道を歩みながら、草ぐさの神界の様子をお教えいただいています。まどろこしく感じるところもありますが、間違いなく「十言神呪」の完成への道を辿っています。

おおむねに第一巻から第三巻までに、『十言神呪』に説いた「第三の組立て」と「第四の組立て」が入り混じり、人間の「品性完成」への道を辿る方法を述べています。品性完成への道は「第三の組立て」だけでも、「第四の組立て」だけでも十分でなく、二つの組立てを合わせ使わなければならない。その関係がはっきりしてきました。

この「十言神呪」の組立ての完成した姿は、この『神界物語』の完成するときで、まもなく――令和六年――その組立てが成就すると思っています。そのために「十言神呪」の組立ての「裏」の事が少しずつ現されていることに注目をしてください。

この裏のなかに、「す」と「す」との共鳴のことがあります。また、「十言神呪」の大きい組立ての問題が隠されています。ここに神様と人間との「まつりあい」があります。

こうして、「十言神呪」の組立てのことを述べながら、神界の様相を伝えています。少彦名命は高御産日神の分霊（荒魂）であり、住江大神は神産日神の分霊であることがわかってまいりました。高御産日神と神産日神は、『古事記』の中の冒頭の一度しか現れない神様として知られているのですが、実は分霊として現れていることがはっきりしてきたのです。

（二）本巻は、第四巻「巻十一」より「巻十二」に続きます。

「巻十二」のお言葉の内容は、これまでと少し変わり当洞に対することが多くなります。もちろん、当洞に終わるものでないことは当然です。本書に流れている思想は「言霊」と「肉の衣」です。この言霊の重要性について述べています。それは、当洞の祭祀において唱えられる祝詞などについてのことです。

「巻十三」は、熊野大権現より当洞に降された「護符」についてです。その内容をそのままに記すことは残念ながら許されません。しかし、このようにして「護符」が現世に降ろされるものであることを知っていただくことは有意義であると思い、本質的なところは省《はぶ》き公にするものです。

これは当洞において賜ったものですが、その印可を賜るために熊野大権現の御許、すなわち、熊野本宮大社に参拝にまいりました。その後、熊野本宮大社・旧社において賜ったお言葉が後半です。

ここにフッキラノ命からのお言葉が多くあります。この神様は熊野大権現の御許からお越しになられた当洞の守護神です。「フッキラ守り」のことは、門田先生より教えていただきましたが、その時を今かいまかと待っていました。神様は、私が受け取る態勢ができるまで待っていたと申されます。そのことがここにあります。

ここに与えられましたものは「新」紫法十法ともいうべきものです。

当洞の「護符」は、門田先生が熊野大権現より賜った「紫法十法《しほうじっぽう》」です。先生よりこの旧社においてお聞きしたことですが、旧社での鎮魂の中において「糊《のり》」を賜ったそうです。差し出した手にパッと糊が付いた。この糊で護符を謹製したと言っていました。霊界より賜ったものです。当洞の護符の大きさは、一遍上人がお配りした念仏札「南無阿弥陀仏」と同じ大きさです。

熊野本宮大社・旧社には、この地において「偈文」を賜られた一遍上人の碑が建っています。旧社での行が終わるといつも一遍上人からのお言葉を賜ります。上人の最後のお言葉は「南無阿弥陀仏」ですが、『な「も」あみだぶつ』と唱えられます。不思議だなと思っていましたが、『時宗』では、このように唱えられていることを何かで知りました。

(三)「巻十四」は、「須佐之男命と幽界の世界」と題しましたが、次第に須佐之男命の姿がはっきりとしてきました。

当洞では、熊野大権現と九頭龍大権現をお祭していますが、二柱の大権現が、実は須佐之男命の神道と仏教とへの二つのお顔であることを次第に知るところとなりました。すなわち、須佐之男命の神道へのお姿が熊野大権現であり、仏教へのお姿が九頭龍大権現であります。本書においても、須佐之男命で発言されてところと、熊野大権現で発言されてところとがあります。これは須佐之男命と思ってよいと思うのですが、その時の大神様のお言葉のままに記してあります。

一方において、ここにも「す」と「す」との共鳴のことが述べられています。少しずつ明らかにされる姿をご理解いただければ幸いです。このことが次第に展開されてゆきます。

（四）本書の上梓にあたり「勉強会」を通して原稿に目を通していただき貴重なご意見やご指摘をいただきました。門田伸一氏（東大和市、門田博治先生のご長男）、那須田征司氏（浜松市）、岩﨑智子氏（東京都）、植田陽寛氏（富山市）、半浦嘉子氏（横浜市）、松葉千香子氏（越谷市）、山本久江氏（静岡市）、神谷智子氏（静岡市）の皆様に謹んで感謝と御礼を申し上げます。

最後に、宮帯出版社・内舘朋生氏にはいつもながら大変なお世話になりました。謹んで御礼を申し上げます。

令和六年二月二十二日　真澄祭の日

石黒　豊信

〔著者紹介〕

石黒 豊信（いしぐろ とよのぶ）

昭和20年（1945年）高知県生まれ。昭和42年東京理科大学（理学部）卒業。平成22年㈻廣池学園・麗澤中学高等学校（数学科）定年退職。

現在、特定非営利活動法人（NPO法人）教職員学校（理事・事務局長）、聖徳大学SOA講師。昭和50年頃より「古神道」研究者門田博治先生に師事する。昭和63年先生ご逝去後、門田家のご協力のもと兄弟子や門田先生を慕われる方々のご援助により、先生の遺された記録・哲学を公にしている。

また、「十言神呪」の普及と研究に努め現在に至る。

責任編集出版は次の通りである。

『門田博治先生の思い出』（平成8年）、『増補 無為庵独語』（平成11年）、『法絲帖』（上）（下）（平成19年 平成21年）、『光る国神霊物語』（ミヤオビパブリッシング 平成25年）、『ナナヤの宮参宮記』（鳥影社 平成26年）、『十言神呪』（ミヤオビパブリッシング 平成30年）、『神界物語（一）』『神界物語（二）』（ミヤオビパブリッシング 令和4年）、『神界物語（三）』『（神界物語（四）』『〈完全版〉光る国神霊物語』（ミヤオビパブリッシング 令和5年）などである。

神界物語（五） ──「十言神呪」の世界──

2024年7月22日 第1刷発行

著　者 石黒豊信
発行者 宮下玄覇
発行所 MPミヤオビパブリッシング
〒160-0008
東京都新宿区四谷三栄町11-4
電話(03)3355-5555
発売元 株式会社宮帯出版社
〒602-8157
京都市上京区小山町908-27
電話(075)366-6600
http://www.miyaobi.com/publishing/
振替口座 00960-7-279886
印刷所 シナノ書籍印刷株式会社

ISBN978-4-8016-0320-2 C0014